Resiliencia Emocional para Principiantes:

Cómo Superar Retos y Crear una Vida Positiva

Table of Contents

Table of Contents 2
Introducción: Tomando el Control en un Mundo por Ti 9
Capítulo 1: Estoicismo 13
   Una forma de vida 13
      Definiendo los Términos 19
      Lo que no es el estoicismo 22
Capítulo 2: Historia del Estoicismo 28
   Orígenes Antiguos 29
      Marcus Aurelius 31
      Estoicismo moderno 36
Capítulo 3: Percepción 41
   La Distancia Entre el Mundo y Nuestra Percepción 41
      Un Cambio en la Percepción 45
      Separar la Aceptación del Acuerdo 48
Capítulo 4: Pasiones 54
      Examinando las Pasiones 55
      El Problema Único del Dolor 61
      Encontrar un Equilibrio 65
Capítulo 5: Toma Acción 69
   No Más Filósofos de Sofá 69
      Superando la Parálisis por Análisis 74
      Moviéndose Rápidamente y Valientemente 79

Capítulo 6: Lente estoica 85
   Ni pesimismo ni optimismo 87
   Leyendo Más Allá de los Titulares 89
   Memento Mori 95
Capítulo 7: Viviendo de Acuerdo con la Naturaleza 100
   El Mundo Natural, Por Dentro y Por Fuera 101
   El Estado No Natural de la Vida Moderna ... 105
   Cortando el desorden y encontrando control 108
Capítulo 8: Estoicismo y Psicología 113
   La Filosofía Antigua se Encuentra con la Ciencia Moderna 114
   Terapia Cognitivo-Conductual 118
   Trabajando con la Química Única de Tu Cerebro 122
Capítulo 9: Aceptar lo Inaceptable 127
   Enfrentando el dolor y el sufrimiento 128
   Procesando el duelo 131
   Interactuando con otros 134
Capítulo 10: Estoicismo en Práctica 139
   Separando la Entrada y la Acción 141
   Abrazando la incomodidad/Practicando la adversidad 143
   Movimiento Constante Adelante 149
Conclusión: Una filosofía para la vida 153

Capítulo uno: Los principios de la psicología oscura 161
Capítulo dos: "Rasgos de personalidad oscura". 170
Capítulo tres: Estudios de psicología oscura 193
Capítulo cuatro: Lectura de la mente 206
Capítulo cinco: Psicología cognitiva 227
Capítulo seis: Modos de persuasión 251
Capítulo siete: Controlando las emociones 268
Capítulo ocho: Ingeniería social y liderazgo 280
Conclusión 292

ESTOICISMO

LA GUÍA PARA PRINCIPIANTES

SOBRE RESILIENCIA EMOCIONAL Y POSITIVIDAD. PIENSA COMO UN EMPERADOR ROMANO

Copyright 2024 Robert Clear - Todos los derechos reservados.

El contenido de este libro no puede ser reproducido, duplicado o transmitido sin el permiso escrito directo del autor o del editor.

Bajo ninguna circunstancia se responsabilizará al editor o al autor por ningún daño, reparación o pérdida monetaria debido a la información contenida en este libro, ya sea de forma directa o indirecta.

Aviso Legal:

Este libro está protegido por derechos de autor. Es solo para uso personal. No puedes modificar, distribuir, vender, usar, citar o parafrasear ninguna parte, ni el contenido dentro de este libro, sin el consentimiento del autor o del editor.

Aviso de exención de responsabilidad:

Por favor, tenga en cuenta que la información contenida en este documento es solo para fines educativos y de entretenimiento. Se ha realizado todo el esfuerzo para presentar información precisa, actualizada, confiable y completa. No se declaran ni se implican garantías de ningún tipo. Los lectores reconocen que el autor no está participando en la prestación de asesoramiento legal, financiero, médico o profesional. El contenido de este libro se ha derivado de diversas fuentes. Por favor, consulte a un profesional con licencia antes de intentar cualquier técnica descrita en este libro.

Al leer este documento, el lector acepta que en ningún caso el autor es responsable de cualquier pérdida, directa o indirecta, que se incurra como resultado del uso de la información contenida en este documento, incluyendo, pero no limitado a, errores, omisiones o inexactitudes.

Introducción: Tomando el Control en un Mundo por Ti

Deberíamos tener el control.

Estamos viviendo en una era donde los humanos han aprendido a aprovechar y dominar las fuerzas de la naturaleza de formas que nos harían parecer divinos ante los hombres antiguos. Podemos volar por el cielo como Apolo, podemos enviar mensajes más rápido de lo que Hermes jamás podría haber soñado, y nuestras centrales nucleares pueden hacer que Zeus y sus rayos se sonrojen.

Entonces, ¿por qué es que la persona promedio siente que está perdiendo el control en lugar de ganarlo?

La humanidad ha podido transformar tantas cosas desde los antiguos griegos, pero una de las pocas cosas que no ha cambiado es la propia naturaleza humana. La tecnología ha crecido a pasos agigantados mientras que la evolución humana continúa moviéndose a un ritmo de caracol.

Nosotros, como especie, hemos estado tan absortos tratando de controlar el mundo exterior que muchos de nosotros nunca encontramos el tiempo para mirar hacia adentro. Es tan fácil pensar que si ganamos un poco más de dinero, convencemos a más personas de que les gustemos, o perdemos un poco de grasa abdominal, entonces finalmente lograremos la felicidad y el control.

Tómate un momento para pensar en todos los grandes y poderosos hombres y mujeres que parecían tenerlo todo, pero terminaron perdiéndolo todo debido a malas decisiones o problemas emocionales.

Probablemente no necesites pensar mucho para elaborar una lista impresionante. La historia está llena de tales relatos trágicos. Pero lo que es aún peor son todas las historias no contadas de tragedias personales sufridas por individuos que no llegaron a los libros de historia. Todos tenemos nuestros demonios personales, pero demasiadas personas caen víctimas de ellos sin nunca enfrentarlos.

Si deseas lograr una verdadera confianza, serenidad y control en tu vida, entonces necesitas dejar de intentar controlar el mundo que te rodea y comenzar a tomar control de ti mismo.

Eso es de lo que se trata el estoicismo. Puede que sea una filosofía antigua, pero las necesidades que aborda siguen siendo tan reales como siempre lo han sido. Un soldado romano con un gladio en sus manos podría verse completamente diferente de un soldado moderno con un rifle en sus manos, pero los pensamientos y emociones que pasan por sus mentes serían similares.

Es fácil pensar que, debido a que el mundo de hoy está cambiando tan rápidamente, necesitamos ideas que sean tan modernas como nuestros gadgets. Pero hasta ahora, no se ha inventado ninguna tecnología que haya cambiado fundamentalmente la naturaleza humana o la mente humana. Puede que tengas un teléfono inteligente, un coche y un robot que aspira tu casa, pero tu cerebro se vería igual que el cerebro de un antiguo emperador romano.

Por eso tantas personas modernas están volviendo a la sabiduría de los antiguos. Quieren descubrir las soluciones a estos problemas eternos que fueron ideados por personas que no estaban distraídas por la tecnología moderna. Los antiguos estoicos no podían contar con una aplicación para resolver sus problemas, no podían buscar un químico para reprogramar su cerebro, y definitivamente no podían esperar lograr la vida eterna usando estasis criogénica. Tenían que usar sus habilidades y capacidades humanas innatas para tomar control de sí mismos.

Esto no significa que los estoicos modernos tengan que ser luditas que renuncian a toda la tecnología. La ciencia y la medicina modernas son cosas maravillosas. No pienses ni por un segundo que alguna filosofía puede reemplazar un viaje al médico. Pero cualquier científico o médico te dirá que también hay límites en sus oficios. La ciencia puede explicar cómo funciona la vida y los médicos pueden ayudarte a vivir una vida saludable, pero ni la ciencia ni la medicina pueden explicar el significado de la vida. Esa es una pregunta filosófica.

Mientras la ciencia nos ha ayudado a lograr muchas cosas maravillosas, todavía tiene sus limitaciones. La verdad es que incluso con todos los avances en la tecnología moderna, todavía estamos a años luz de lograr algo que se acerque al control total del mundo que nos rodea. Y aunque pudiéramos controlar la materia y la energía, no cambiaría nuestras emociones y patrones de pensamiento básicos.

Tantas cosas en esta vida nunca estarán bajo tu control. La única cosa que realmente puedes dominar en este mundo eres tú mismo. En este libro te mostraremos cómo tomar el control de tu mente, y una vez que tengas ese control, podrás comenzar a tomar control de tu vida.

El estoicismo no puede prometerte una vida perfecta. No puede prometerte una vida saludable. Pero si te tomas el tiempo para estudiarlo detenidamente y poner en práctica sus conceptos, entonces puedes enfrentar los altibajos de la vida con sabiduría y perspectiva. En lugar de ser arrastrado por la vida como un tronco en un río caudaloso, puedes tomar el mando y trazar tu propia ruta hacia adelante.

El poder para cambiar está dentro de ti. El camino hacia la iluminación ha sido escrito para ti durante miles de años. Es solo cuestión de absorber esa sabiduría antigua y ponerla en práctica. Si puedes dar esos pasos, entonces puedes ver tu vida transformarse de adentro hacia afuera.

Capítulo 1: Estoicismo

El hombre conquista el mundo al conquistar a sí mismo.

—Zenón de Citio

Antes de profundizar en los detalles del estoicismo, será útil echar un vistazo al panorama general. Piénsalo como observar un mapa de una ciudad antes de decidir comenzar a conducir por las calles individuales.

En este capítulo, veremos qué es y qué no es el estoicismo en términos amplios. Una vez que terminemos este paso, estarás listo para sumergirte en los detalles más específicos de este sistema filosófico y las formas prácticas en que puedes aplicarlo en tu vida.

Comencemos tu viaje estoico.

Una forma de vida

El estoicismo es una filosofía. Esto puede sonar dolorosamente obvio, pero la verdad es que la mayoría de las personas modernas tiene una comprensión muy vaga de lo que es una filosofía. La mayoría de las personas diría que es un sistema para pensar sobre el mundo que les rodea, cuando la realidad es que es mucho más.

Los filósofos siempre han sido definidos por la manera en que piensan sobre el mundo. Están obsesionados con considerar cuidadosamente y sistemáticamente sus creencias. Pero este proceso no es solo pensar por el mero hecho de pensar. Sócrates, el padre de la filosofía occidental, dejó claro que el objetivo final de la filosofía era vivir una buena vida. La idea era que reflexionaras sobre cuestiones de ética, lógica y significado de manera cuidadosa para que pudieras vivir la mejor vida posible.

Los antiguos estoicos creían que no era suficiente simplemente tener las creencias correctas, debías poner esas creencias en práctica.

Entonces, con eso en mente, podemos examinar exactamente en qué creen los estoicos al explorar las diferentes maneras en que se enfrentan a la vida.

Viviendo de acuerdo con la realidad

El estoicismo es una filosofía que está llena de ideas que parecen lo suficientemente simples, pero que pueden ser bastante complejas en la práctica. Esto comienza con la idea de que un estoico debe aceptar la realidad tal como es.

Pocas personas creen que están viviendo en rebelión contra la realidad. Caminamos con los ojos y oídos abiertos y absorbemos lo que nos rodea. ¿Qué podría ser más simple que eso?

Pero el estoico enfatiza la importancia de las creencias. La mayoría de nosotros filtramos lo que absorbemos a través de un lente distorsionador de la realidad que son las creencias. Somos rápidos para aplicar etiquetas como "bueno" y "malo", "correcto" y "incorrecto". La naturaleza humana impulsa a las personas a aplicar etiquetas rápidas y limpias a todo lo que encuentran, pero el estoicismo señala que esto puede dificultar la convivencia con el mundo tal como es realmente cuando nos obsesionamos tanto con lo que debería ser.

Esto no significa que los estoicos sean relativistas morales que creen que las preguntas morales carecen de significado. Como veremos más adelante, las preguntas sobre la virtud son clave para la filosofía estoica. Más bien, los estoicos creen que nuestro impulso de etiquetar las cosas lo antes posible crea en realidad muchos problemas y dificulta que abordemos de manera significativa otros temas.

Pregúntate esto, ¿cuántas veces has dejado que un problema se saliera de control porque te convenciste de que realmente no era un problema y simplemente lo ignoraste? ¿O cuántas veces te has alterado por un problema que etiquetaste como insuperable, solo para descubrir que no era un gran problema después de que realmente te pusiste a trabajar en él?

La persona promedio sufre una vida llena de heridas autoinfligidas debido a su incapacidad para lidiar con la realidad tal como es. Nuestras emociones convierten montañas en montículos y montículos en montañas. La solución estoica es examinar el mundo con ojos desapasionados.

Viviendo en Aceptación del Destino

Otro punto central del estoicismo es la supremacía del destino. Es fácil ver esto como la creencia de que la vida está más allá de tu control, pero en realidad se trata de reconocer los límites de tu control. Los estoicos creían que cada humano solo controla una cosa en este mundo gigante y increíblemente complejo: su propia mente.

Algunas personas escuchan esto y lo ven como deprimente. Los humanos tienden a sobreestimar lo que creen que controlan. Considere el hecho de que tantos aficionados a los deportes piensan que la ropa que llevan puesta podría ser el factor decisivo en el desempeño de su equipo favorito en el gran juego. Ser recordado del hecho de que esto es falso podría ser visto como frustrante para un aficionado que se siente impotente sin tal agencia, pero también puede permitirle reclamar agencia en otras áreas.

Así muchas personas pasan toda su vida tratando de controlar cosas sobre las que no tienen poder, mientras ignoran las cosas que pueden controlar. Piensa en todas las personas atrapadas en relaciones poco saludables donde luchan por cambiar a su pareja, mientras que no hacen ningún esfuerzo por cambiar ellos mismos o terminar la relación y buscar a alguien que sea más compatible.

No puedes controlar a otras personas. Puede que haya

cosas que puedas hacer para influir en ellas, pero nunca podrás tener un nivel de control similar al que tienes sobre ti mismo. Aun así, si intentas tomar el control de tus propios pensamientos y acciones, es probable que te des cuenta de que no estás en completo control.

El estoicismo se trata de dejar ir lo que no puedes controlar y enfocarte en lo que sí puedes. Esto es lo que significa la aceptación del destino. La gran ironía es que solo cuando aceptas tus limitaciones podrás alcanzar tu máximo potencial.

Viviendo en la Búsqueda de la Virtud

Una cosa que a menudo se pierde cuando las personas presentan versiones más orientadas a la “autoayuda” del estoicismo es el énfasis que los estoicos antiguos colocaban en la virtud. Creían que ser estoico significaba más que simplemente mantenerse firme y mantener un rostro impasible. Muchos señalarían que este tipo de comportamiento no fue inventado por sus filósofos y se podía ver en el comportamiento de todo tipo de personas. Lo que diferenciaba a un estoico con mayúscula S de alguien con estoicismo con minúscula s era este énfasis.

La palabra "virtud" es uno de esos términos que suena lo suficientemente simple hasta que intentas definir cuidadosamente lo que significa. La mayoría de las personas están de acuerdo en que deberíamos ser virtuosos, pero hay grandes desacuerdos sobre lo que eso significa. A efectos de esta introducción, definiremos la virtud como vivir una vida que ejemplifica ciertas cualidades.

Las Cuatro Cualidades Virtuosas
1. Sabiduría
2. Valor
3. Autocontrol
4. Justicia

Una lectura superficial de la literatura estoica podría hacerte creer que el estoicismo es una filosofía negativa, centrada en lo que debes evitar. Pero esto no podría estar más lejos de la verdad. El estoicismo no se trata solo de evitar pasiones destructivas, también se trata de cultivar virtudes positivas. Cualquier entendimiento que se concentre solo en un lado de esta ecuación es incompleto y engañoso.

Desarrollo Constante

Lo último que deberías entender sobre el estoicismo es uno de los más importantes, la respuesta del estoico a la mayor pregunta del universo: ¿cuál es el significado de la vida?

El estoicismo dice que estamos en esta tierra para poder desarrollar nuestras virtudes con cada oportunidad que se nos brinda. Dice que cada circunstancia, sin importar cuán positiva o negativa pueda parecer a primera vista, nos ofrece una oportunidad para crecer y mejorar como seres humanos. Hacemos esto despojándonos de las pasiones negativas, construyendo virtudes personales y viviendo en armonía con la naturaleza.

Así que, ves, cada parte individual del estoicismo se une al final para formar un todo mayor. Claro, se trata de perseverar a través de momentos difíciles, pero también se trata de mucho más. Se trata de vivir una vida activa y productiva que produzca felicidad y buena salud. Se trata de aprovechar al máximo la vida cuando las circunstancias parecen malas y de aprovechar al máximo la vida cuando las cosas parecen ir bien.

El estoicismo es una forma de ver el mundo, una forma de vivir la vida y una forma de asegurarte de que, una vez que llegues al final, no tengas arrepentimientos de los que hablar.

Definiendo los Términos

En este libro te encontrarás con una serie de términos que son muy importantes y se utilizan de maneras muy particulares. El estoicismo tiene un rico léxico de terminología que necesitas entender si quieres darle sentido a la filosofía. Mientras que algunos estoicos utilizan una gran cantidad de jerga griega y latina, en este libro nos ceñiremos generalmente a las traducciones al inglés más comunes para que el mensaje sea lo más fácil de entender posible.

Pasión

Una cosa que tienes que entender es que el estoicismo a menudo involucra palabras que se utilizan de una manera normal en la vida cotidiana, pero que adquieren un significado especial cuando se utilizan en el contexto de la filosofía estoica. La pasión es una de estas palabras.

Cuando se utiliza en la vida normal, la pasión suele tener connotaciones positivas, pero en el estoicismo la pasión es generalmente negativa. Los estoicos utilizan la palabra pasión para referirse a las emociones negativas. Estas son emociones que alejan a las personas de la virtud y hacia el vicio. Las pasiones son emociones que deben ser evitadas y minimizadas mientras los estoicos intentan enfatizar emociones más virtuosas.

Destino

Los antiguos estoicos creían en un sentido más literal del destino como un gran plan para el universo en el que todos tenían un papel que desempeñar. Pero en el estoicismo moderno, el destino se entiende generalmente como todo lo que está más allá de nuestro control como individuos. Puedes controlar las acciones que realizas, pero el destino está al mando de lo que los que te rodean pueden elegir hacer. La aceptación del destino es una parte importante del estoicismo, con la idea de que te ayuda a concentrarte en lo que puedes controlar en lugar de todas las cosas que están más allá de tu mando.

Virtud

Este término ya fue mencionado en el último segmento, pero vale la pena repasarlo nuevamente. Los estoicos enseñaron que la virtud es el objetivo de la vida y el bien supremo. La virtud es una idea amplia que se compone de ideas más pequeñas. Estas son la sabiduría para saber cómo actuar, el coraje para tomar la acción adecuada, el autocontrol necesario para contenerse de actuar de manera inapropiada y la justicia necesaria para tratar con los demás de manera justa y constructiva. Puedes entender vivir virtuosamente como actuar y pensar de la manera correcta.

Por supuesto, lo que es bueno es una cuestión que está más allá del alcance de este libro. Debido a que este es un libro que está diseñado para ser utilizado por personas de todas las creencias y estilos de vida, mantendremos el uso de este término algo vago. Esperemos que tengas tus propias creencias morales y éticas que puedas considerar cuando se mencione el tema de la virtud. Si no las tienes, entonces ahora sería un buen momento para hacer una reflexión interna y determinar qué crees realmente sobre lo correcto y lo incorrecto, lo bueno y lo malo.

Salvia

Un sabio es un estoico que ha alcanzado la iluminación. Han logrado deshacerse de las cadenas de la pasión y vivir en perfecta armonía con la naturaleza. Han conquistado la ilógica y han llegado a poseer razón y felicidad perfectas. Esta es la etapa que cada estoico se esforzó por alcanzar, pero casi ninguno lo logró.

Hay una cuestión sobre si es realista o no esperar lograr el estatus de Sabio, pero incluso si no lo es, sigue siendo valioso como un ideal por el que las personas pueden esforzarse mientras practican el Estoicismo. El sabio estoico puede verse así como un ideal conceptual de cómo deberían ser las personas, establecido para que todos podamos saber hacia qué debemos trabajar (Pigliucci, 2017).

Lo que no es el estoicismo

Dicen que un poco de sabiduría puede ser más peligroso que la ignorancia. Esto se aplica a muchas cosas en la vida, y es especialmente cierto con el estoicismo. La filosofía no es demasiado difícil de entender, pero muchas personas aún llegan a conclusiones erróneas basadas en su comprensión limitada. A veces, comprender requiere más que saber qué es algo, también debes entender qué no es. Por eso esta sección está aquí.

Despejemos algunos de los mitos más comunes que rodean al estoicismo.

El estoicismo no se trata de aceptar todo tal como es.

Demasiadas personas piensan que los estoicos son felpudos sobre los que la gente puede pisotear. La palabra puede evocar la imagen de los guardias en el Palacio de Buckingham, quienes tienen la tarea de permanecer completamente inmóviles. Incluso cuando los turistas actúan como idiotas y maníacos, el trabajo del guardia es no mostrar emociones. Pero cualquiera que haya intentado realmente tocar a uno de esos guardias te dirá que cuando se cruza una línea, actúan con fuerza. Lo mismo ocurre con los estoicos.

El estoicismo se trata de aceptar las cosas tal como son, pero eso no significa que no puedas trabajar para cambiar las cosas. La aceptación estoica se centra en ver el mundo tal como realmente es para que puedas actuar correctamente. Si tu casa está en llamas, lo primero que necesitas hacer es aceptar que tu casa está en llamas. Fingir que todo está bien no salvará tu propiedad, solo te impedirá tomar las acciones necesarias para limitar el daño.

El filósofo estoico más famoso, Marco Aurelio, fue el emperador de la superpotencia más grande del mundo. Los defensores modernos de la filosofía incluyen artistas, atletas profesionales y directores ejecutivos. Aunque no tienes que ser increíblemente ambicioso para ser estoico, no deberías sentir que el estoicismo podría impedirte alcanzar tus metas. En realidad, es exactamente lo contrario, el estoicismo puede ayudarte a cambiar el mundo al ayudarte a cambiar a ti mismo.

El estoicismo no se trata de no tener emociones

Es fácil imaginar a los estoicos como robots.

El estoicismo no se trata de eliminar las emociones, se trata de aprender a controlarlas. El estoico es como un jardinero emocional, nutriendo las emociones que quiere ver crecer mientras trabaja contra las emociones no deseadas. Así como las plantas siempre necesitarán agua y las malas hierbas siempre seguirán apareciendo, las emociones nunca desaparecen por completo. Pero un estoico es como una persona con un jardín que ha sido cuidadosamente cultivado para satisfacer sus necesidades, mientras que tantas personas han permitido que sus jardines mentales crezcan descontrolados con todo tipo de malas hierbas.

Así que, si te preocupa convertirte en un robot, puedes dejar de lado tus preocupaciones. Si esperabas convertirte en un robot, lamento decepcionarte. Pero si aprendes y sigues el camino del estoicismo, aprenderás que tus emociones no necesitan ser tus enemigas. También pueden ser utilizadas para impulsarte a alturas desconocidas.

El estoicismo no es solo para un tipo de persona.

Mientras que los otros conceptos erróneos que hemos analizado antes tienden a provenir de personas que no han estudiado el estoicismo, esta es una idea que demasiado a menudo es difundida por personas que estudian el estoicismo. Les gusta tanto que se convierte en parte de su identidad. Esto les lleva a volverse excesivamente protectores, vigilando constantemente a cualquiera que pueda violar su querido sistema de creencias.

Algunos de estos individuos son académicos que están descontentos con la modernización de la popularización del estoicismo. Lo ven como una forma "diluida" de estoicismo. También dirán que se aleja demasiado de los pensadores originales.

Esta perspectiva es más difícil de refutar porque hay algo de verdad en ella. El estoicismo popular puede ser bastante diferente del estoicismo que practicaba Zenón de Citio. Pero el hecho es que diferentes ramas dentro del estoicismo comenzaron a surgir poco después de la muerte de su fundador. A lo largo de la historia de la escuela, es fácil reconocer el estoicismo como una filosofía práctica en lugar de un dogma. Si bien algunas verdades fundamentales deberían permanecer, tiene sentido que las personas adapten las creencias a su tiempo y propósitos, así como lo hicieron los romanos cuando adoptaron el estoicismo de los griegos.

Avanzando

Una de las lecciones del estoicismo es que debemos dejar de lado nuestras nociones preconcebidas si queremos ver el mundo tal como es en realidad. Eso también se aplica al estudio del estoicismo. Trata de dejar a un lado cualquier suposición que puedas tener basada en referencias pasajeras. Si entras con la mente abierta, es más probable que veas los cambios que estás buscando cuando todo esté dicho y hecho.

Conclusiones Prácticas

En este libro se te proporcionará mucha información sobre qué es el estoicismo, pero ¿has elegido este libro para aprender sobre la historia de la filosofía? ¿O quieres cambiar tu vida? Si deseas ver un cambio real, entonces necesitarás actuar.

Por esta razón, cada capítulo terminará con consejos prácticos que puedes aplicar mientras lees el libro. La mayoría de ellos solo requerirá un poco de papel, un utensilio de escritura y unos minutos de tu tiempo. También puedes escribir en una computadora, pero los estudios han demostrado que las personas tienen más probabilidades de retener la información que han escrito a mano.

Comenzaremos con algo especialmente simple. Toma tu papel y tu utensilio de escritura. Ahora, deja el libro y escribe todos los puntos más importantes que aprendiste de este capítulo. Solo los aspectos más destacados, esto no debería tomar más de uno o dos minutos.

¡Y adelante!

Está bien, felicidades. Has tomado más medidas hacia la superación personal que el 90% de las personas que leen este tipo de libros. Para obtener un crédito extra, puedes revisar el capítulo y compararlo con tus notas, buscando cualquier cosa importante que puedas haber pasado por alto.

El mundo está lleno de individuos que leen innumerables libros sobre superación personal y que nunca parecen lograr lo que deseaban. Yo propondría que esto sucede porque las personas dejan que la información les pase por encima en lugar de internalizarla. Y si se toman el tiempo para internalizarla, nunca actúan con base en la información.

Propongo que hay tres elementos fundamentales del crecimiento:

1. Información

2. Internalización

3. Implementación

Los libros pueden proporcionarte información, pero tienes que manejar los otros dos elementos. Lo que obtienes de este libro depende completamente de lo que estés dispuesto a hacer con las cosas que aprendes.

Capítulo 2: Historia del Estoicismo

Un estoico es alguien que transforma el miedo en prudencia, el dolor en transformación, los errores en iniciación y el deseo en emprendimiento.

―Taleb Nassim Nicholas

Es importante dejar claro que este libro no es un manual sobre la historia del estoicismo y los muchos grandes pensadores que contribuyeron a él. Muchos de estos libros ya existen y si deseas un examen detallado de la historia de la filosofía occidental, entonces vale la pena leerlos.

Este libro trata sobre el estoicismo práctico. El objetivo es proporcionarte la información que necesitas para comenzar a mejorar tu vida lo antes posible. Esto significa que no podemos pasar demasiado tiempo en detalles históricos, pero no significa que podamos ignorarlos.

En este capítulo, haremos un recorrido rápido por la historia del estoicismo. Examinaremos su creación en la antigua Grecia, su culminación en la Roma Imperial y el renacimiento moderno que ha llevado a esta antigua filosofía de nuevo al primer plano del discurso intelectual.

Un solo capítulo no puede proporcionarte todo lo que hay por aprender, pero puede ser un buen punto de partida desde el cual puedes profundizar en este tema rico y fascinante.

Orígenes Antiguos

El estoicismo fue fundado en la cuna de la filosofía occidental, la antigua Grecia. En el siglo IV a.C., había un comerciante adinerado llamado Zenón de Citio. Mientras comerciaba, naufragó cerca de la ciudad-estado de Atenas. Este tipo de infortunio ha quebrado a muchos hombres, pero Zenón encontró una oportunidad en su sufrimiento. Viajó a Atenas y comenzó a estudiar a los pies de los filósofos locales. Buscaba algo que lo satisficiera de una manera que su riqueza material no lo había hecho. En última instancia, encontraría su propio sentido de significado y compartió lo que había aprendido con quienes estaban dispuestos a escuchar.

El estoicismo fue fundado para encontrar un equilibrio entre los extremos de la filosofía ateniense. Los aristotélicos predicaban que la riqueza material era necesaria para la iluminación, mientras que los cínicos se jactaban de su pobreza autoimpuesta. Zenón encontró ese equilibrio al mover el enfoque de las cosas materiales que las personas poseen hacia sus creencias, valores y acciones. Difundiría su filosofía mientras estaba de pie en un área elevada conocida como la Stoa Poikile. Esta área se conocería como la primera escuela de estoicismo y también le daría su nombre a la filosofía.

También es importante entender el estoicismo como un producto de la historia. Esta filosofía altamente práctica surgió durante un período de gran agitación, dificultad e incertidumbre en Grecia. Aunque el estoicismo fue fundado en el siglo IV a.C., ganó prominencia durante el siglo III, tras las repercusiones de la muerte de Alejandro Magno y el drama que esto creó en la zona. Muchos griegos habían depositado sus esperanzas en Alejandro, y su rápida y gloriosa ascensión al poder parecía que podría traer paz y prosperidad al Mediterráneo y las regiones circundantes en los años venideros. Luego, Alejandro murió de repente y a una edad joven, creando un vacío de poder que llevaría a la división y el conflicto.

Con el tiempo, el poder de Grecia en el Mediterráneo disminuyó, mientras que una pequeña ciudad-estado conocida como Roma vio aumentar su poder. Es importante señalar que los griegos y los romanos eran muy diferentes en muchos aspectos, pero los romanos aún encontraron mucha inspiración en sus predecesores griegos. Los romanos buscaron en los griegos inspiración en los ámbitos del arte, la religión y la filosofía. Así es como el estoicismo hizo el salto de Grecia a Roma.

Como puedes ver, el estoicismo antiguo no apareció de la nada. Se desarrolló a lo largo de siglos por una cadena de grandes pensadores. Sin embargo, hay un hombre cuyo nombre se ha vuelto sinónimo de esta escuela filosófica. Todos los nombres mencionados hasta ahora merecen ser conocidos, pero a continuación veremos un nombre que definitivamente debes recordar.

Mientras que pensamos en los filósofos modernos como académicos que están lejos del asiento del poder, en la Grecia antigua se involucraron profundamente con la política y el gobierno. Esto ayudó a elevar su estatus y a difundir su mensaje por un tiempo, pero la política es un negocio volátil. Entre los años 88 y 86 a.C. estalló la guerra y Atenas fue derrotada. Muchos filósofos se marcharon y huyeron a Roma, señalando un cambio hacia el este para la filosofía occidental (Pigliucci, n.d.).

En Roma, la filosofía estoica se desarrollaría aún más. Muchos de los fundamentos permanecerían, pero se puso un mayor énfasis en cómo el estoicismo podría aplicarse para enfrentar problemas de la vida real. Estoicos como Séneca y Marco Aurelio no eran solo pensadores o maestros, eran activos en el comercio y la política romanos. Necesitaban una filosofía que pudiera ayudarles en decisiones difíciles y tiempos difíciles.

Marcus Aurelius

Todo el trabajo preliminar establecido por los estoicos originales conduce a lo que muchos considerarían una conclusión poco probable. El estoicismo fue una filosofía desarrollada para que las personas pudieran soportar las tormentas de la desdicha, por lo que pocas personas adivinarían que el hombre que lo entendería con mayor profundidad y lo pondría en práctica con la mayor precisión sería un hombre que debería haber estado más allá del sufrimiento.

En el mundo antiguo del Imperio Romano y sus territorios vecinos, probablemente no había nadie más envidiado que el Emperador. Desde la caída de la República Romana, el Emperador se había convertido en un hombre con poder y prestigio que muchos gobernantes modernos envidiarían. Entonces, ¿cómo es que un hombre que disfrutaba de un poder, riqueza y respeto sin igual llegó a producir lo que muchos consideran el manual para soportar el dolor y la lucha?

La historia de Marco Aurelio, así como la escritura que produjo, es un recordatorio de que la forma en que vemos el mundo a menudo está distorsionada. Miramos las grandes estatuas de mármol que dejaron los romanos e imaginamos que las personas eran tan grandiosas y sobrehumanas. Pero la verdad es que cada persona sufre muchas de las mismas luchas. La riqueza, el poder y la fama pueden ciertamente equiparte para manejar ciertos desafíos mejor de lo que podrías sin estos privilegios, pero no pueden borrar completamente la lucha de tu vida.

Biografía de Marco Aurelio

El niño que llegaría a ser emperador, Marco Aurelio, no tuvo un nacimiento particularmente auspicioso. Nació en una familia rica y poderosa, pero había muchas familias así en Roma y los padres de Marco nunca habrían predicho que podría convertirse en emperador. Solo obtuvo ese título debido a una serie de eventos improbables.

Marco nació bajo el gobierno del emperador Adriano. Dado que Adriano no tenía herederos biológicos, tuvo que elegir quién se convertiría en emperador después de él. El primer hombre que eligió fue Lucio Ceonio, pero el destino quiso que Lucio falleciera antes que el moribundo emperador. Así que Adriano tuvo que elegir de nuevo, y esta vez eligió a otro hombre sin hijos, un senador llamado Antonino Pío.

Pío buscó evitar los problemas por los que había pasado Adriano, así que se propuso adoptar hombres que pudieran ser entrenados para sucederlo. Uno de los chicos que eligió fue Marco y el otro se llamaba Lucio (Encyclopedia of World Biography).

Era como si los cielos se hubieran abierto y enviaran sus bendiciones sobre el joven Marcus. De repente, su educación fue llevada a un nivel completamente nuevo. No solo estaba en entrenamiento para ser un noble, estaba entrenando para ser el hombre más poderoso de Roma. Para servir en este papel, estudió bajo algunos de los principales oradores y filósofos de Roma, todos buscando transmitir su sabiduría a Marcus antes del día en que ocuparía el trono. Era una situación de grandes riesgos, nadie podía saber cuándo podría fallecer el emperador.

Marcus y su hermano adoptivo ascendieron al trono como co-emperadores cuando Pius murió en 161 a.C. Su gobierno empezó de manera tumultuosa, ya que Roma se vio rápidamente sumida en la guerra parta.

Roma saldría victoriosa, pero a un costo desastrozo. A medida que las legiones victoriosas regresaron a Roma, llevaron la plaga. Alrededor de cinco millones de romanos morirían a causa de la enfermedad, mientras Roma se convertía en un invernadero de enfermedades mortales.

Poco después de que la plaga disminuyera, el hermano de Marcus murió, colocando a Marcus en el trono como el único emperador de Roma. Gobernaría desde 169 hasta 180. Estos 11 años estuvieron marcados por la guerra, la inestabilidad social y otros problemas. Pero Marcus reinó con mano firme y fue declarado más tarde como el último miembro de los Cinco Buenos Emperadores (Farnum Street).

Así que, ves que a pesar de todo el poder que tenía el emperador romano, también había mucha responsabilidad. El destino de uno de los mayores poderes del mundo descansaba sobre los hombros de Marco. Muchos de los hombres que asumieron esta posición se rompieron bajo presión. Muchos tragaron su propia propaganda y se creyeron por encima de simples mortales. Pero Marco fue capaz de mantenerse firme y guiar a Roma a través de la oscuridad con la ayuda de sus virtudes estoicas.

Sabemos esto porque él registró sus pensamientos. Nos da una oportunidad rara de asomarnos a la mente de uno de los grandes gobernantes de la historia.

Meditaciones

Mientras Marco Aurelio logró muchas cosas durante su tiempo como emperador, al final es su escritura lo que ha sido su logro más duradero. Cuando Marco estaba en el campo de batalla liderando a sus soldados en defensa de Roma, comenzó a escribir notas. Lo asombroso del libro es que no lo escribió para ser publicado. Para él, era un diario, pero después de su muerte fue reconocido como una de las grandes obras de la filosofía estoica jamás creadas.

El libro es una serie de citas que fueron anotadas por Marco como un recordatorio para sí mismo. El emperador nunca le dio un título al libro, por lo que debes entender que "Meditaciones" es un título descriptivo que se le ha dado a la obra por aquellos que descubrieron sus escritos más tarde.

Meditaciones está dividido en doce secciones diferentes, pero estas partes no están ordenadas cronológicamente ni temáticamente. Esto hace que leer Meditaciones sea una experiencia única. Es más como un libro de citas o el libro bíblico de los Salmos en lugar de una narrativa tradicional o un libro de texto. Esto podría verse como una de las razones de la popularidad de Meditaciones, es un libro que siempre tiene algo de sabiduría que ofrecer sin importar qué página abras.

Mientras que el libro no está estructurado como la mayoría de los libros, surgen algunos patrones interesantes. Por una parte, al inicio del libro, comienza agradeciendo a las personas que lo han ayudado a lo largo de su vida y lo han formado como pensador. Este es un recordatorio notable del hecho de que incluso las personas más poderosas de la tierra no podrían disfrutar de sus posiciones sin la sabiduría y la guía de otros. Lo que vemos en Meditaciones es el monólogo interior de un verdadero aprendiz de por vida.

Otro tema que surge rápidamente son las limitaciones del poder y la riqueza. Está claro que, aunque Marco disfrutaba de más poder que casi cualquier otra persona en el imperio, también sentía su responsabilidad como un gran peso. Leer las Meditaciones es un recordatorio humillante de las luchas con las que debe lidiar cualquier buen líder mientras intenta sacar lo mejor de cada situación.

Si terminas este libro y decides que estás interesado en aprender más sobre el estoicismo a partir de fuentes primarias, definitivamente deberías considerar leer Meditaciones de Marco Aurelio. Si obtienes una traducción moderna, descubrirás que este libro es fácil de leer pero difícil de entender completamente. Podrías pasar décadas estudiando este libro y aún así encontrar nuevas ideas en cada lectura.

Estoicismo moderno

Las Meditaciones de Marcus Aurelius se consideran a menudo la última gran obra del estoicismo antiguo. Después de su reinado, la rígida escuela de pensamiento se desvaneció. Sin embargo, esto no significa que el pensamiento estoico desapareciera. Al contrario, las creencias estoicas se difundieron y se transmitieron. Cuando el Imperio se convirtió al cristianismo, muchos pensadores cristianos se sintieron atraídos por obras como las Meditaciones y extrajeron de sus páginas. Generaciones y generaciones de grandes pensadores fueron influenciadas por el estoicismo, incluso si no conocían el nombre de la filosofía que había producido algunas de sus ideas más apreciadas.

Una de las cosas que los estoicos modernos han hecho es indagar en la filosofía antigua para tratar de encontrar las ideas que son más aplicables a las audiencias modernas. Los estoicos antiguos eran algunos de los individuos más educados del mundo romano, pero aún así operaban con el conocimiento limitado de la época. Podían acceder a sus emociones tal como nosotros, pero no podían conocer el vínculo entre las corrientes eléctricas en nuestros cerebros y la forma en que nos sentimos.

Los estoicos modernos han podido utilizar las herramientas de la ciencia y la tecnología para obtener una mayor comprensión de los avances fundamentales realizados por aquellos pensadores antiguos. El pasado y el presente chocan de nuevas y fascinantes maneras con cada nueva ola de pensamiento estoico.

Una de las razones por las que el estoicismo se siente tan vivo y poderoso hoy en día como lo fue hace siglos es el hecho de que nuestras circunstancias modernas reflejan la situación en la antigua Roma y Grecia en ciertos aspectos. Así como el estoicismo se volvió popular originalmente durante un período de gran incertidumbre en Grecia, ha disfrutado de su renacimiento moderno a medida que el mundo enfrenta sus propias luchas. En muchos aspectos, estamos viviendo en una era que es más próspera que nunca, pero también estamos viviendo en un tiempo en el que las personas enfrentan muchas luchas prácticas y existenciales.

A pesar de la riqueza que muchas naciones muestran en papel, las personas aún luchan con cosas como la deuda personal, los costos de atención médica, las divisiones políticas, las preguntas sobre el cambio climático y la búsqueda de un significado personal. Muchas personas simplemente no sienten que la vida moderna sea todo lo que se les ha prometido e incluso aquellos que disfrutan de la riqueza sienten que es sin sentido o transitoria.

Los motores económicos del mundo occidental pueden habernos traído muchas cosas maravillosas, pero está claro que no nos han satisfecho de la manera en que muchos pensaron que lo harían. Resulta que los humanos tienen necesidades profundas que no siempre pueden ser satisfechas con más dinero y los últimos dispositivos. Cuanto más cambian las cosas, más nos encontramos lidiando con los mismos problemas que los antiguos griegos pudieron diagnosticar hace miles de años. Una vez que reconocemos sus habilidades perceptivas, solo tiene sentido que consideremos las soluciones que ofrecieron.

Aunque se han producido muchos cambios superficiales, la naturaleza humana sigue siendo casi la misma que hace dos mil años. Los antiguos estoicos pueden estar muertos, pero sus ideas están tan vivas y vitales como siempre. Demasiadas personas se ven atrapadas en la barrera del lenguaje que tiende a interponerse entre los lectores modernos y los textos antiguos. Por eso existen libros como este. Las verdades fundamentales en este libro no son nuevas, pero se están escribiendo para que una audiencia moderna pueda entenderlas claramente y aplicarlas a la solución de problemas contemporáneos. Este libro no se trata de reinventar la rueda, se trata de empujar una rueda hacia adelante que ha estado girando durante miles de años.

La filosofía no se trata de adorar los pensamientos de los antiguos filósofos y tratar sus ideas como intocables. Se trata del legado vivo de estas ideas. Regresamos a la sabiduría de los ancianos porque ellos son quienes crearon la base sobre la cual se han construido las filosofías posteriores. Aún así, aunque ninguna torre puede mantenerse sin una base firme, eso no significa que los muchos pisos que se han construido sobre ellas y que se podrían agregar en el futuro sean menos importantes o valiosos.

Conclusión Práctica

Al leer sobre el antiguo génesis de las ideas, es fácil sentirse distante de ellas. Dado que solo hemos aprendido sobre ellas a través de la historia, es natural pensar en ellas como una especie diferente, con piel hecha de puro mármol blanco. Pero los antiguos eran humanos como nosotros y las lecciones que enseñaron todavía están siendo puestas en práctica por personas hoy en día.

Saca tu papel y utensilio de escritura. Ahora, piensa en personas que exhiben virtudes estoicas. Pueden ser personas que conoces en la vida real o personas que conoces de los medios.

Las ideas estoicas han permeado la cultura occidental. Esto significa que incluso las personas que nunca han escuchado la palabra estoicismo han sido influenciadas de alguna manera por sus ideas. También está el hecho de que el estoicismo se nutre de las realidades de la vida y la naturaleza. Personas de todo el mundo han llegado a una comprensión estoica sin ninguna conexión con los antiguos griegos.

Puede ser difícil leer sobre las virtudes en abstracto y luego traducirlo al mundo real. Por eso es útil buscar personas que personifiquen las virtudes. No deberías verlas como seres divinos, pero puedes usarlas para ayudarte a guiarte en la dirección correcta.

La historia del Estoicismo no ha terminado, es un proceso en curso.

Capítulo 3: Percepción

Tienes poder sobre tu mente—no sobre los eventos externos. Date cuenta de esto y encontrarás fuerza.

—Marco Aurelio

Si bien el Estoicismo es famoso por su enfoque respecto a las emociones, o la falta de estas, la verdad es que el verdadero poder del Estoicismo radica en su enfoque lógico y pragmático para enfrentar la realidad.

Los estoicos creían en lidiar con el mundo tal como realmente existe. Esto puede parecer una afirmación simplista, pero una vez que llegues a comprender lo que esto significa, entenderás las profundas implicaciones.

Si quieres encontrar una solución, primero debes evaluar el problema con ojos claros y objetivos. Hacer algo menos sólo te llevará al fracaso.

La Distancia Entre el Mundo y Nuestra Percepción

Los estoicos creían que había tres disciplinas que eran necesarias para vivir un estilo de vida estoico. La primera era la percepción, la segunda la acción y la tercera la voluntad. Este orden no es un accidente, hay una razón por la cual la percepción se considera la disciplina primaria del estoicismo.

La percepción se trata de ver el mundo tal como es en realidad. Se trata de mirar la realidad de la manera más objetiva posible, eliminando los juicios de valor de la ecuación.

Si le preguntas a la mayoría de las personas sobre cuán precisamente perciben el mundo, te dirán que ven las cosas perfectamente claras. Después de todo, si tienen dos ojos sanos, ¿cómo más verían las cosas? Pero la percepción no se trata solo de tu vista física, se trata de la forma en que tu mente procesa la información que absorbes cuando miras hacia el mundo.

La mente procesa la información visual en dos pasos. El primero es cuando la luz que rebota en el objeto entra en el ojo y percibes la realidad frente a ti visualmente. El segundo paso es cuando tu cerebro toma la imagen y le aplica una etiqueta. Este segundo paso es donde surgen los problemas.

El problema no es mirar un pato y llamarlo pato. El problema es que miramos las tareas que tenemos delante y rápidamente sacamos conclusiones sobre si son posibles o no. Miramos a las personas el tiempo suficiente para captar su apariencia y luego decidimos si podemos confiar en ellas o no. Nos miramos a nosotros mismos y juzgamos de lo que somos capaces sin ningún razonamiento sólido que respalde nuestras conclusiones.

Los humanos están impulsados a hacer juicios y nuestros juicios a menudo están lejos de ser precisos. Esto es lo que los estoicos entendían, y es por eso que enfatizaban tanto la corrección de nuestra percepción para que veamos el mundo tal como es realmente antes de intentar actuar en él.

Primer Día en el Trabajo

Para ayudar a entender la naturaleza destructiva de la percepción inexacta, te llevaré a través de un escenario. Imagina que llegas a tu primer día en un nuevo trabajo y te estás reuniendo con tus compañeros de trabajo. En este escenario, eres una persona bastante crítica que tiende a sacar conclusiones rápidamente sobre todos los que conoces.

Entras a la oficina y la primera persona que conoces es tu nuevo jefe. Te estrecha la mano, pero su agarre es un poco flojo. Inmediatamente lo etiquetas como débil antes de pasar a la siguiente persona. El primer compañero de trabajo que conoces tiene una sonrisa en su rostro pero una mancha en su camisa. La palabra "desaliñado" viene a la mente antes de dejar a esa persona para conocer a otra. La última persona que conoces te saluda amablemente pero tiene una voz monótona, así que no puedes evitar pensar en ella como aburrida.

Ahora, piensa en cómo esas etiquetas generadas al

instante podrían impactar tus futuras relaciones laborales con esas personas. Las conclusiones a las que llegaste en este escenario basadas en casi ninguna información podrían influir en tus interacciones con tus compañeros de trabajo durante los próximos años.

Con suerte, ahora estás comenzando a ver cuán fácilmente nuestra percepción puede verse nublada por un exceso de ansia por juzgar el mundo que nos rodea. La mente no entrenada salta a conclusiones casi al instante, pero los juicios que emite pueden persistir durante días, semanas o incluso años.

Lento para juzgar y lento para confiar

Mientras que algunas personas pueden estar ya a favor de un enfoque más objetivo de la realidad, sé que habrá otros que son reacios. Es posible que hayas leído el segmento "Primer día en el trabajo" y sentiste que el personaje en el escenario tenía razón al hacer esos juicios. A menudo, las personas defenderán este tipo de juicios por razones prácticas. Hay muchas personas por ahí, algunas de ellas tienen malas intenciones, y si esperas a que esos individuos revelen sus malas intenciones antes de tomar precauciones, entonces quedarás a su merced.

Este es un punto justo, pero se pierde el objetivo de retrasar el juicio. Muchas personas asumen que si no etiquetas a alguien como deshonesto, entonces estás declarando que es honesto. Pero esto simplemente no es cierto. Puedes retener tanto juicios positivos como negativos al mismo tiempo. Si no conoces bien a alguien, puedes retener tanto la confianza como la desconfianza hasta que hayas tenido la oportunidad de tener una mejor idea de quiénes son como persona.

Recuerda que el estoicismo consiste en relacionarse con el mundo de una manera racional y lógica. Si sabes que estás entrando en un área donde el crimen es común, no tienes que pretender que esta información no está disponible para ti. Si la razón dice que se deben tomar precauciones de seguridad, entonces, por supuesto, toma precauciones de seguridad.

Aún así, considera de dónde estás obteniendo tu información. ¿Estás juzgando el nivel de riesgo basándote en información objetiva o en juicios rápidos basados en sesgos personales? Las personas tienden a sobrevalorar su propia objetividad.

El hecho es que se necesita tiempo y energía para cultivar la habilidad de ver el mundo tal como es en realidad. Para la mayoría de las personas, no es como un interruptor que se puede encender o apagar; incluso si puedes contener el juicio por un tiempo, podrías encontrarte regresando a viejos hábitos antes de mucho tiempo. Pero no hay razón para desesperarse. El estoicismo no se trata de soluciones rápidas y fáciles; se trata de tomarse el tiempo para lograr un cambio verdadero y duradero.

Un Cambio en la Percepción

Nada hay ni bueno ni malo, sino que el pensamiento lo hace así.

—William Shakespeare

Una vez que te tomes el tiempo para prestar atención a la forma en que percibes el mundo y lo moldeas con tus pensamientos, te darás cuenta de cuánto poder tienes. Lo único desafortunado es que solo puedes darte cuenta de esto una vez que reconozcas que te has estado limitando a ti mismo de tu máximo potencial con pensamientos negativos injustificados.

La buena noticia es que nunca es demasiado tarde para hacer un cambio. Mientras sigas respirando, puedes tomar el control de tus pensamientos y usarlos para reconfigurar tu mundo.

Dando la vuelta al mundo

Hay un truco en el mundo del arte para cualquiera que quiera dibujar una imagen compleja pero se sienta abrumado al mirarla. El truco es tomar la imagen y darle la vuelta. De repente, la persona ya no siente que esté dibujando una cabeza entera, en cambio, la ve como si estuviera dibujando un campo de formas individuales. Cuando eliminas palabras como "difícil" o "imposible" de la ecuación y te concentras en los pasos individuales, podrías sorprenderte de lo que puedes lograr.

Lo mismo se puede decir sobre examinar tu vida. La persona promedio mira los eventos que tiene por delante y se enfoca en cualquier cosa que parezca un desafío u obstáculo. Una vez que los etiquetamos como problemas, tienden a crecer en nuestras mentes, convirtiéndose en amenazas desproporcionadas que se ciernen sobre nosotros y causan un estrés indebido.

Pero, ¿y si pudieras darle la vuelta a la imagen? ¿Y si pudieras mirar lo que normalmente llamarías obstáculos y en su lugar llamarlos oportunidades?

Transformar una jaula en una herramienta

El triste hecho es que la mayoría de las personas están atrapadas por su propia percepción. Años de sesgo y programación mental han dificultado que vean el mundo tal como es. Peor aún, cuando miran al mundo, ven tantos obstáculos insalvables que se sienten desesperadamente restringidos.

Son como una persona que se pone un casco de realidad virtual y termina atrapada en un campo abierto. A pesar de que no hay paredes físicas que los rodeen, todavía se sienten restringidos por las paredes que ven en su cabeza.

Aprender a ver el mundo objetivamente es como quitarse el visor. Te muestra el rango completo de movimiento disponible para ti. Pero no tienes que detenerte ahí. Tomar el control de tu percepción es como reprogramar ese visor de realidad virtual para ayudarte a encontrar hacia dónde vas. Este es el pleno poder de dominar tu percepción, puedes remodelar la manera en que ves el mundo de una manera que te impulse hacia adelante en lugar de frenarte.

Eliminando la Preocupación

Dominar la percepción es una herramienta

especialmente útil para cualquier persona que lucha con la preocupación. Después de todo, ¿qué causa la preocupación? La mayoría de las personas experimentan este sentimiento después de identificar problemas potenciales en su vida y permitir que estos problemas potenciales atormenten su mente. Mientras el problema no se aborde, sigue siendo una preocupación, flotando a través de tu conciencia y causando estragos.

El problema con las preocupaciones es que no hay límite en la cantidad que puedes tener. Podrías pensar que podrías curarlas resolviendo tus problemas, pero una vez que la mente humana ha sido entrenada para buscar problemas potenciales, siempre encontrará más. Por eso es útil poder reentrenar tu cerebro. Una vez que lo haces, no hay casi límite en lo que podrías lograr.

Separar la Aceptación del Acuerdo

Antes de avanzar desde la percepción, necesitamos discutir un tema relacionado, la aceptación. El estoicismo se basa en aceptar el mundo tal como es. Esto está ligado a la percepción. La idea es que para percibir el mundo tal como realmente es, tienes que estar preparado para aceptarlo tal como realmente es. Aquellos que sienten que el mundo debe ser de cierta manera encontrarán formas de distorsionar su percepción para intentar alinear sus creencias con el mundo externo. Esto es algo que el estoicismo no puede aceptar.

El estoicismo dice que cualquier filosofía que no repose sobre una base de realidad actual es como una casa construida sobre arena. No importa cuán sólida pueda parecer, la falta de una base sólida la condenará al final.

Por esta razón, los verdaderos estoicos deben aceptar el mundo tal como es. Hacer cualquier otra cosa pondría en peligro tu percepción y amenazaría todo lo demás que venga después. Sin embargo, vale la pena señalar que aceptar no significa estar de acuerdo.

El caso por la acción estoica

Es fácil caer en la trampa de pensar que el estoicismo es una filosofía derrotista. La idea de un estoico que acepta el destino puede evocar la imagen de rendirse a los poderes que están, permitiendo que otras personas tomen el control y marchándose a las montañas para meditar mientras el mundo arde. Pero esto no podría estar más lejos de la verdad.

Una de las razones por las que es importante estudiar a Marco Aurelio es porque no solo fue un gran pensador, sino que también fue un hombre de acción. Encarnó la práctica estoica de la aceptación mientras actuaba como el emperador de la superpotencia preeminente del mundo antiguo. No se quedó de brazos cruzados y aceptó cuando los galos atacaron Roma, él lideró a sus fuerzas y peleó.

Esto nos deja con una pregunta: ¿era Marcus un hipócrita cuando moldeó el futuro para él y su gente? ¿Son los estoicos unos hipócritas cuando critican algunos elementos de la naturaleza humana mientras promueven otros? La respuesta es un rotundo "¡no!"

Entendiendo la razón detrás del mantra

Los estoicos señalan continuamente las cosas que los individuos no pueden cambiar para enfatizar las cosas que sí pueden. El "destino" que se debe aceptar no es todo en realidad, es todo lo que está más allá de nuestra propia esfera de influencia.

El núcleo de esta esfera es nuestro propio comportamiento, la única cosa en la vida sobre la que tenemos un control casi total. Más allá de eso, tenemos a las personas y cosas que nos rodean con las que podemos interactuar. Esta es un área donde tenemos cierta influencia, pero no tenemos control en el mismo sentido en que tenemos control sobre nuestros propios pensamientos y acciones. Más allá de esta segunda capa está el resto del universo, que está completamente en manos del destino.

Tómate un momento para pensar en esto. Hay más de 6 mil millones de personas en este planeta. ¿Cuántas conoces o con cuántas interactúas regularmente? Incluso si interactúas regularmente con miles de personas, eso sigue siendo menos del uno por ciento de uno por ciento de la población mundial. En el gran esquema de las cosas, la mayor parte de la actividad humana está más allá de nuestra capacidad para controlar o incluso influir de manera real. Pero, ¿eso significa que no vale la pena intentarlo?

El estoicismo no se trata solo de superación personal. Es una filosofía orientada hacia la virtud, y la virtud siempre se ha entendido como un proyecto comunitario. La persona que vive sola en una isla desierta rara vez tiene la oportunidad de mostrar el tipo de virtudes que alguien en una comunidad puede practicar todos los días.

Así que, mientras el estoicismo pide que aceptes el mundo tal como existe en este momento, no significa que el mundo deba permanecer siempre tal como es. Por el contrario, los estoicos entienden que la única constante real es el cambio. El mundo está en flujo y tú, como individuo, estás obligado a actuar de manera virtuosa, por el bien de ti mismo, tu comunidad y tu mundo.

Los estoicos han traído un cambio real a lo largo de la historia y no hay razón para que esta tendencia se detenga contigo. La belleza del estoicismo es que una vez que te detienes a tomar control de tu propia mente, puedes lograr niveles de eficacia que quizás nunca hubieras imaginado antes. Las acciones impulsivas son reemplazadas por acciones cuidadosamente consideradas. El emocionalismo se intercambia por un compromiso lógico con tu causa.

Y finalmente, los obstáculos que una vez te retuvieron pueden ser transformados. Los eventos que parecían problemas se convierten en oportunidades, ayudándote a trazar un rumbo hacia el futuro que nunca habrías pensado posible sin el pensamiento estoico.

El pensamiento cuidadoso puede permitirte dejar de preocuparte por circunstancias que están fuera de tu control y centrarte en aquellas que están dentro de tu capacidad de manejar. Puedes dejar de perder tiempo, energía y recursos en preocupaciones sin sentido y comenzar a convertirte en un ser humano más efectivo y realizado. Este tipo de transformación no es rápida ni fácil, pero puede mejorar tu vida de manera inconmensurable si estás dispuesto a comprometerte con ello.

Entonces, ves, los estoicos pueden tener que aceptar la realidad actual, pero eso no significa que tengan que estar de acuerdo con ella. Son libres de trabajar para lograr un cambio, y las habilidades desarrolladas al practicar el estoicismo en realidad facilitan alcanzar resultados reales en este mundo.

Conclusión Práctica

Usar tus poderes de percepción para convertir obstáculos en oportunidades es una de las armas más poderosas en el arsenal de un estoico. Si deseas dominar esta habilidad, entonces deberías comenzar a practicar lo antes posible.

Saca tu papel y utensilio de escritura. Ahora, tómate el tiempo y escribe un obstáculo o problema que has estado preocupándote últimamente.

Una vez que hayas terminado de escribir el problema, tómate otro momento para reexaminar la situación con la que estás tratando de manera más objetiva. Descríbela en términos fríos y técnicos, evitando la emoción o cualquier otro lenguaje poderoso.

Ahora lleva las cosas un paso más allá y considera

cómo la situación objetiva con la que estás lidiando podría ofrecer alguna oportunidad oculta.

Si has pasado por estos pasos, entonces habrás tomado una fuente de preocupación en tu vida y la habrás convertido en una oportunidad para desarrollarte como ser humano. Este es un proceso que puedes utilizar una y otra vez a lo largo de tu día. No hay forma de saber cuántas oportunidades podrías descubrir si aprendes a dominar tu percepción.

Capítulo 4: Pasiones

El que reina dentro de sí mismo y controla pasiones, deseos y miedos, es más que un rey.

—John Milton

Algunas personas que se topan con el Estoicismo oyen que se trata de aceptar el mundo exterior y tomar control de su propia mente y asumen que es un esfuerzo simple. Luego miran hacia adentro y descubren que el mundo dentro de ellos está en un estado tan caótico como el mundo exterior.

Los seres humanos son criaturas complejas. Solo pensamos que somos simples cuando no nos tomamos el tiempo para examinar verdaderamente nuestras propias vidas mentales. Cada momento somos un torbellino de pensamientos conscientes y subconscientes, todos cargados de poderosas emociones. Para empeorar las cosas, todos estos pensamientos y emociones pueden ser altamente contradictorios, chocando y transformándose de un momento a otro mientras avanzamos por la vida.

Aceptar el hecho de que no estamos en control del mundo es difícil, pero no es ni la mitad de difícil que realmente lograr un cierto grado de control sobre nuestra propia vida interior. Pero los estoicos no se echaron atrás ante este desafío, trazaron un camino que cada uno de nosotros puede seguir hacia el dominio de nuestras propias pasiones y la recuperación del control de nuestras vidas.

Examinando las Pasiones

Como puedes ver hasta ahora, el estoicismo está muy interesado en la vida interna. La forma en que pensamos y sentimos es una de las primeras cosas que necesitamos abordar porque todo fluye de ellas. Si nunca aprendes a controlar tus emociones, entonces serás controlado por ellas.

Una cosa interesante sobre el enfoque de los estoicos es que idearon un plan para la iluminación que no requería deshacerse completamente de las emociones. Categorizaron lo que nosotros llamaríamos emociones en dos categorías, pathe, o pasiones no saludables, y eupatheiai, o pensamientos saludables. Estas categorías fueron establecidas por Zenón y continuadas por los estoicos posteriores.

Comenzaremos con las pasiones poco saludables:

● Dolor

○ Esta pasión se define como el sentimiento que se experimenta al vivir algo incorrectamente etiquetado como malo. Es la emoción que sentimos cuando nos detenemos en heridas, insultos o cualquier otra desgracia percibida que experimentamos. Esta pasión nos causa sufrimiento innecesario debido a nuestras percepciones en lugar de la realidad.

● Miedo

○ Este es el impulso irracional de evitar problemas que podríamos esperar. Presta atención a la palabra "irracional." Este es el impulso que nos muestra peligros acechando en cada sombra, incluso cuando sabemos que casi sin duda no hay nada que temer. Esta pasión desperdicia nuestro tiempo y energía en amenazas imaginarias cuando deberíamos centrarnos en problemas reales.

● Antojo

○ Esta es la urgencia irracional de buscar algo que se entiende erróneamente como bueno. Una vez más, las palabras clave aquí son "irracional" y "erróneamente." El problema no es el deseo, el asunto es que la cosa deseada no es en realidad lo bueno que el buscador cree que es. A los estoicos les preocupa que la vida se desperdicie ansiando cosas de ningún valor real cuando debería gastarse buscando cosas que son justas y virtuosas.

● Placer

○ Este es el sentimiento irracional de euforia que se experimenta cuando una persona elige algo que no es virtuoso o valioso. Esta es la naturaleza seductora del pecado y la mala conducta manifestada emocionalmente. El placer es un sentimiento que desvía a las personas del camino de la virtud, sintiéndose bien en el momento pero conduciendo a la culpa y el sufrimiento a largo plazo.

Si todo esto suena como un viaje de culpa, no te preocupes. El estoicismo no es una filosofía legalista que se trata de castigar a las personas que violan sus estrictas reglas. Estas descripciones pueden sonar duras, pero debes recordar que los estoicos creen que estas pasiones son poco saludables y destructivas.

El punto no es que algún sabio estoico te castigue si sientes estas pasiones, es que estas pasiones te llevarán por un camino destructivo. En estoicismo, terminas castigándote a ti mismo cuando no actúas de acuerdo con la virtud. Pero, por otro lado, puedes salvarte de tus impulsos más oscuros aprendiendo a practicar un pensamiento saludable.

Con eso en mente, veamos los pensamientos saludables:

- Precaución

  - El impulso lógico de evitar acciones que violen la virtud. Este pensamiento saludable se puede entender como el impulso de evitar hacer daño a otros, mantener distancia de influencias negativas y evitar cualquier curso de acción que viole tus valores personales.

- Deseando

  - Este es el deseo apropiado por la acción o los resultados virtuosos. El deseo de hacer lo correcto por los demás, de proteger a los inocentes y de vivir de acuerdo con tus valores personales se puede categorizar como desear. El estoicismo diría que cuando sientes que tu conciencia te guía hacia un determinado curso de acción virtuosa estás experimentando el pensamiento saludable del deseo.

- Alegría

○ Esto se define como una felicidad racional provocada por acciones o eventos virtuosos. La vida de un Estoico no es gris y triste, la idea es que el Estoico se regocija en todo lo que es verdaderamente bueno. Cuando un Estoico elige tomar un curso de acción que está en línea con sus valores, entonces puede sentir alegría por su logro y los buenos resultados que eso puede haber traído.

Este sistema de categorización puede ser un poco confuso al principio. Las etiquetas en inglés que se utilizan a menudo pueden sentirse muy difusas ya que no son tan distintas como las palabras en griego antiguo que usaban los estoicos originales. Pero lo que no debería ser demasiado difícil de entender es la idea de que todo gira en torno a la virtud.

Las pasiones poco saludables están casi todas orientadas a empujarte a violar la virtud o tus valores personales, mientras que los pensamientos saludables se centran en impulsarte hacia una vida virtuosa. Entender esto es la lección más importante; si puedes hacer esto, entonces las distinciones más sutiles se volverán claras con un estudio adicional.

Pasiones Opuestas

Una de las cosas brillantes de esta categorización es la forma en que las pasiones no saludables se emparejan con pensamientos saludables. El miedo se empareja con la cautela, el anhelo se empareja con el deseo, y el placer se empareja con la alegría. En lugar de ver cada una de las seis emociones como algo completamente distinto y separado del resto, puedes verlas como tres continuos con un lado saludable y un lado no saludable. Esto significa que no se trata de deshacerse de ciertas emociones, sino de avanzar a lo largo de un espectro hacia una forma de pensar más saludable.

Por ejemplo, el placer es lo opuesto de la alegría. Esto significa que si quieres vivir una vida más saludable, necesitas tomar la parte de ti mismo que está constantemente buscando placer y redirigirla para buscar alegría.

Para aclarar aún más, imagina que estás a dieta. Perder peso y volverte más saludable son valores para ti, así que quieres tomar acciones que estén en línea con estos valores. Te despiertas por la mañana, te diriges a la oficina y encuentras que hay dos bocadillos para el desayuno en la mesa, una dona y una manzana. ¿Cuál decides tomar?

Tu impulso de placer es el lado que te empuja hacia la dona. Los estoicos ven el placer como una sensación agradable que, en última instancia, va en contra de tus valores. En este caso, la dona te impedirá alcanzar tus objetivos. Así que, aunque se siente "bien" en el momento, es, en última instancia, una sensación autodestructiva. Por otro lado, comer la manzana te daría alegría porque está en línea con tu objetivo. Es una sensación completamente buena, algo que te señala hacia la virtud en lugar de apartarte de ella.

El estoicismo dice que no tienes que sumergirte en la negación. Puedes pasar todo el día lamentándote por el hecho de que no obtuviste la dona que querías, o puedes alegrarte por el hecho de que tomaste una decisión saludable y ahora estás viviendo de acuerdo con tus valores. La idea es que no deberías permitir que las pasiones poco saludables controlen o monopolicen tu mente. Al enfatizar y reflexionar sobre pensamientos saludables, puedes ganar más control sobre tu vida y vivir con mayor calma y satisfacción.

El Problema Único del Dolor

Es posible que hayas notado que cuando estábamos discutiendo los pares emocionales creados por los estoicos, no mencionamos el dolor. Eso se debe a que los estoicos creían que el dolor era una pasión única que no tenía un paralelo saludable. Así que, mientras los estoicos buscaban transformar la mayoría de las pasiones, intentaban librarse de la pasión del dolor.

Observa que estoy especificando que aquí estamos hablando de una pasión. Cuando los estoicos hablan de eliminar el dolor o el sufrimiento, no están hablando de eliminarlos como sensaciones físicas. Si le pegas a cualquier estoico, sentirá dolor, el estoicismo puede abrir muchas puertas, pero no te convertirá en superhombre. La diferencia radica en cómo el estoico reacciona mentalmente al ser golpeado.

Los estoicos definieron la pasión del dolor como un "fracaso en evitar algo erróneamente juzgado malo"

(Enciclopedia Internet de Filosofía). Observe las palabras "juzgado malo."

Para un estoico, evitar el dolor se trata de cambiar tu percepción. Las cosas que no quieres que sucedan te van a suceder. No hay nada que puedes hacer para protegerte por completo. Lo que puedes hacer es cambiar la forma en que piensas sobre las cosas que suceden. Puedes saltar a etiquetarlas como malas y caer en un ciclo de sufrimiento o puedes entrenarte para aceptar las cosas que suceden y trascender el sufrimiento.

Una Lesión, Dos Dolores

El estoicismo dice que cuando nos lastimamos, en realidad sentimos dos tipos de dolor. El primer tipo de dolor es la sensación física de dolor que es el sistema de advertencia natural de nuestro cuerpo para alertarnos que algo no está bien. Este tipo de dolor es parte de la naturaleza y una parte importante de la vida. Hay personas que no sienten dolor y estos individuos son más propensos a sufrir lesiones permanentes porque no tienen el dolor como señal de advertencia para hacer que se detengan. Los estoicos están en contra de la segunda instancia de dolor, que es el dolor que sentimos al reflexionar sobre la lesión inicial y a menudo en nuestra reacción emocional.

Esto es cierto tanto para las lesiones físicas como para las lesiones emocionales. Piensa en las veces que has sido insultado. El primer sufrimiento que sentiste fue el aguijón casi automático de ser atacado y luego sentiste el sufrimiento prolongado de lidiar con las consecuencias del insulto. Tómate un momento para pensar en los insultos que aún puedes recordar, y puede que te sorprenda darte cuenta de cuán lejos puede recordar tu mente incluso desaires menores.

Los seres humanos tienen una manera de aferrarse al dolor. Podríamos argumentar que necesitamos hacerlo, porque si dejáramos ir rápidamente y olvidáramos los eventos dolorosos, entonces podríamos no aprender de ellos. Pero el estoicismo argumenta que puedes aprender de insultos y heridas sin aferrarte a ellos. De hecho, argumenta que el verdadero aprendizaje requiere un nivel de desapego que no sentimos cuando nos aferramos a nuestro sufrimiento.

¿Cuántos argumentos se convierten en disputas porque ninguna de las partes está dispuesta a dejar ir su dolor? ¿Cuántos desaires menores conducen a cismas destructivos porque a las personas les gusta hacer hincapié en los problemas hasta que crecen desproporcionadamente?

El estoicismo considera el dolor emocional como un corte físico. Si quieres que un corte sane, entonces necesitas dejarlo en paz. Si sigues hurgando en tu herida, no se formará una costra y no sanará. Esto aplica tanto a las heridas físicas como a las emocionales. Permanecer concentrado en los insultos y las lesiones puede parecer lo correcto, pero en realidad es un camino de acción altamente destructivo.

No Lado B

Si puedes recordar la primera sección de este capítulo,

donde primero introdujimos las diversas pasiones, entonces recordarás que la mayoría de las pasiones poco saludables estaban vinculadas con pensamientos saludables. La única pasión que no tenía tal vínculo era el dolor.

Esto se debe a que los estoicos creían que el dolor era una pasión única. La idea es que la pasión del dolor es completamente irracional y, por lo tanto, no hay forma racional de procesar esta emoción. Este es un caso en el que el objetivo es la eliminación total.

Se podría decir que lo opuesto al dolor es la aceptación. El dolor o el sufrimiento es lo que sientes cuando luchas contra el mundo tal como es. Cuando la lluvia cae sobre ti y te dices a ti mismo "esta es una situación horrible", entonces te estás sometiendo al dolor. La solución es dejar de aplicar la etiqueta. Simplemente di a ti mismo "la lluvia está cayendo sobre mí." No necesitas intentar engañarte a ti mismo creyendo que algo bueno te está sucediendo, la idea es que simplemente dejes de pensar que estás sufriendo y entonces el sufrimiento cesará.

Transcender el sufrimiento

Uno de los objetivos finales del estoicismo es superar el sufrimiento. Podrías incluso decir que el estoicismo fue creado en respuesta al problema del sufrimiento que es exclusivamente humano.

Digo "únicamente humano" porque, hasta donde podemos decir en este momento, los humanos son las únicas criaturas en la Tierra que pueden sufrir en el sentido que el estoicismo se ocupa. Una vez más, esto no significa que los muchos animales en esta tierra no sientan dolor físico o agonía cuando son dañados. De lo que estoy hablando es del sufrimiento que nos infligimos a nosotros mismos cuando nos detenemos en las circunstancias que creemos que son negativas.

No podemos detener a otros de hacernos daño, pero podemos trabajar para asegurarnos de que no nos infligimos daño innecesario a nosotros mismos. Tantas personas son sus peores enemigos, tomando problemas momentáneos y estirándolos a lo largo de toda su vida. El dolor que podría desaparecer en cuestión de momentos se convierte en un compañero permanente.

Es hora de rechazar el dolor. Siente lo que tienes que sentir y luego sigue adelante con tu vida. Puede sonar imposible, pero podrás descubrir las cosas que tu mente puede hacer si estás dispuesto a tomarte el tiempo para desarrollar tus habilidades y tomar el control de tus pensamientos. El dolor físico puede ser siempre un hecho de la vida, pero con práctica puedes reducir drásticamente el dolor mental que te infliges.

Encontrar un Equilibrio

Lograr un equilibrio emocional puede parecer un proceso difícil. Después de todo, ¿cómo empieza uno? Afortunadamente, el estoicismo tiene una solución. La respuesta es la virtud.

Una de las grandes luchas que surgen al abordar problemas relacionados con nuestra vida interior es el riesgo de perdernos dentro de nosotros mismos. La mente humana puede ser un laberinto de contradicciones y el corazón puede ser aún más frustrante. La introspección es difícil para muchas personas, mientras que otros la encuentran tan adictiva que se pierden dentro de sí mismos. Creas o no, cuando buscamos dentro de nosotros mismos puede ser muy fácil perderse. Por eso es útil tener algo más allá de nosotros mismos que podamos usar como guía.

Aquí es donde entra la virtud. La virtud es aquello que orienta toda búsqueda estoica. Los estoicos no creían que la auto-mejora fuera una búsqueda materialista que se tratara solo de ganar más dinero, obtener más prestigio o simplemente sentirse mejor consigo mismo. Los estoicos creían que la vida tenía un propósito y ese propósito era vivir una vida virtuosa.

Esto es especialmente importante cuando se trata de nuestras emociones o pasiones. Si tus emociones están orientadas hacia la virtud y tus valores personales, entonces tendrás una vida emocional saludable. Pero si tus emociones te llevan constantemente lejos de la virtud y hacia el vicio, entonces tus emociones te llevarán continuamente al dolor y la frustración.

Desarrollando una Vida Emocional Saludable

El estoicismo se trata de tener tu mente bajo control, y eso significa tener un dominio sobre tus emociones. Si tus emociones te están controlando, entonces no tienes un verdadero control sobre tu vida, que es lo único que los estoicos creen que realmente puedes controlar. Por eso las emociones son tan importantes para los estoicos.

Puedes creer que tus emociones no están bajo tu control, pero este es un error colosal. Puede que nunca hayas pedido las emociones que sientes, pero eso no significa que seas impotente ante la influencia de tus emociones.

Puede que sea cierto que no controlas las emociones que sientes, pero puedes elegir cómo reaccionas ante las diferentes emociones a medida que surgen. A través del trabajo arduo y la dedicación, puedes potenciar tus emociones positivas y constructivas mientras minimizas tus emociones negativas y destructivas.

Hay una posibilidad de que puedas controlar tus emociones solo con pura fuerza de voluntad, pero no tengas miedo de pedir ayuda si sientes que la necesitas. Obtener ayuda de amigos, grupos de apoyo o profesionales capacitados puede ser muy beneficioso para este proceso. Recuerda, ser estoico no significa que no puedas pedir ayuda. A veces, lo más valiente que puedes hacer es acudir a alguien más.

Conclusión Práctica

El estoicismo se trata de dominar tus pasiones identificando las áreas problemáticas y trabajando para mejorarlas. Con eso en mente, es hora de profundizar para encontrar una pasión con la que estés luchando.

Saca tu utensilio de escritura y papel. Ahora, escribe una pasión con la que luchas, aparte del dolor.

Recuerda, estás buscando una emoción que es destructiva. Es algo que te está alejando de la vida virtuosa que quieres vivir.

Ahora que tienes anotada una pasión poco saludable, vuelve al principio de este capítulo y encuentra un pensamiento saludable que corresponda a la pasión que elegiste. Escríbelo frente a la pasión poco saludable.

Ahora, considera cómo puedes ayudarte a alejarte de tu pasión poco saludable y hacia un patrón de pensamiento más saludable. La idea es que no necesitas renunciar a tus emociones, simplemente necesitas redirigirlas en una dirección más saludable y productiva.

Este proceso no transformará instantáneamente tus pensamientos, pero te ayudará a ser más consciente de tus problemas y te señalará una posible solución. Recuerda, no puedes abordar un problema hasta que lo identifiques. Ignorar tus problemas permite que se agraven y salgan de control. Enfrentarlos de manera directa es la única forma de recuperar el control de tu mente y el dominio de tu vida.

Capítulo 5: Toma Acción

No expliques tu filosofía. Personifícala.

—Epictetus

El mundo está lleno de personas que no toman acción y luego se quedan sentadas preguntándose por qué nada va de acuerdo a sus deseos. Lamentan lo que ha sucedido en el pasado, se preocupan por lo que sucederá en el futuro y permanecen pasivas en el presente.

Los estoicos rechazan este enfoque. Si bien practican la aceptación, no significa que sean pasivos. Aceptan el mundo que los rodea y que no pueden controlar. Esto permite un mayor enfoque en lo que se puede controlar, tus propias acciones.

No Más Filósofos de Sofá

¿Cómo se ve un filósofo para ti?

Para muchas personas, la palabra filósofo evoca la imagen de un anciano de piel clara vestido con una chaqueta de pana, sentado en un sillón muy acolchado pensando intensamente en algo muy serio.

Lo que necesitas entender es que la filosofía no es solo para las personas que pueden ganar dinero escribiendo o hablando sobre su estudio, la filosofía es para todos. Casi toda persona que piensa en esta tierra tiene una filosofía, el problema es que la mayoría de las personas llega a sus filosofías sin pensarlo.

Muchas personas actúan sin realmente entender las ideas y creencias que impulsan sus acciones. Y muchos filósofos piensan muy profundamente sobre ideas y creencias, pero rara vez actúan basándose en sus conclusiones. El estoico considera ambos caminos como trágicos. El estoicismo fue desarrollado para ser vivido, no solo estudiado.

Probablemente esta sea una de las razones por las que la historia del estoicismo está llena de tantos filósofos que lograron cosas asombrosas fuera del ámbito del pensamiento puro. Es una filosofía de personas que tomaron acción, para personas que quieren tomar acción.

A menudo se ha dicho que uno de los grandes problemas de este mundo es que las personas que actúan no piensan en lo que están haciendo, mientras que las personas que piensan en lo que están haciendo nunca terminan por actuar. Esta afirmación puede ser un poco una exageración, pero aborda una verdad valiosa. El mundo necesita más personas que sean capaces de unir el pensamiento y la acción para crear el tipo de cambio significativo que anhelamos como sociedad.

Lo que significa la acción

En este libro hablaremos mucho sobre la acción, pero esta es una palabra que es fácil de malinterpretar. Cuando la mayoría de las personas modernas piensa en una persona de acción, imagina a alguien que está en constante movimiento. Alguien que tiene un horario lleno de actividades muy impresionantes. Pero este no es el tipo de acción del que estamos hablando.

Decidir detenerse por un momento y tomar una respiración profunda antes de continuar es una acción. Mantener una posición defensiva en lugar de ir al ataque es una acción. Mantener los ojos cerrados y el cuerpo quieto puede ser una acción. Lo que importa es la intencionalidad. Necesitas pensar en lo que estás haciendo y luego tomar un curso de acción que esté alineado con tu pensamiento.

La acción es algo que eliges hacer de manera activa y consciente. La reacción es algo que haces de manera pasiva o subconsciente.

Acostarse en la cama porque quieres descansar toda la noche es tomar acción. Acostarse en la cama porque tienes tantas cosas que hacer que te sientes abrumado es una reacción. Decidir no hacer nada cuando alguien te insulta porque no quieres escalar la situación es tomar acción. Atacar a esa persona y empeorar la situación es una reacción.

Muchas personas en este mundo parecen tener mucho en su vida, pero en realidad están viviendo de manera reactiva. Se mueven sin pensar de una acción a la siguiente hasta que se acuestan a dormir y olvidan todo lo que hicieron ese día. Mientras tanto, algunas personas que parecen perezosas según los estándares convencionales pueden estar viviendo una vida de acción constante y deliberada que está alineada con sus metas y valores.

Si tu objetivo es despejar tu mente, entonces la mejor opción podría ser salir a la naturaleza y experimentar paz y tranquilidad. Si deseas entenderte a ti mismo, entonces podrías meditar en una habitación oscura y silenciosa. Si quieres acercarte a tu familia, entonces podrías pasar un día simplemente pasando el rato y jugando con ellos.

En una sociedad consumista moderna, es fácil caer en la trampa de pensar que las únicas acciones que tienen valor son aquellas que producen resultados tangibles. Siempre queremos algo que "mostrar por nuestros esfuerzos." Incluso los pasatiempos que se supone que son relajantes, como los videojuegos, rápidamente se convierten en competencias para acumular puntos, ganar logros y compararnos con los demás.

Entonces, mientras que un estoico debe tomar acción, toman acción basándose en los valores estoicos. No se mueven para impressionar a los demás, se mueven como una expresión de sus valores fundamentales. No se preguntan "¿cómo se verá esto ante otras personas?" Se preguntan "¿cómo me ayudará esto a desarrollar mi virtud?"

A medida que examinas tu vida y las vidas de quienes te rodean, asegúrate de no confundir movimiento con acción. Algunas de las almas más activas son las más humildes, mientras que algunas de las vidas más vacías están completamente ocupadas con actividades sin sentido. No permitas que distracciones frívolas te impidan llevar a cabo las acciones significativas que necesitas emprender.

El verdadero valor de la acción

Finalmente, vale la pena explicar por qué la acción es tan importante para los estoicos. No es solo porque el estoicismo fue desarrollado por individuos prácticos, aunque esto ciertamente es parte de ello. La razón más profunda es que los estoicos creen que todo el significado de la vida es el desarrollo de nuestras virtudes personales y la creación de un mundo más virtuoso. Este es un objetivo que no se puede alcanzar sin acción.

Si deseas convertirte en una persona más tranquila, más controlada y más virtuosa, entonces necesitarás tomar acción. No lograrás estos tipos de objetivos elevados solo leyendo sobre otras personas, necesitas trazar un plan de acción y seguirlo tú mismo.

Este es el camino que los Estoicos han seguido durante miles de años y es el camino que está abierto para ti. La pregunta es si estás dispuesto o no a hacer lo que sea necesario para convertirte en la persona que quieres ser.

Superando la Parálisis por Análisis

Uno de los mayores problemas que impide a las personas reflexivas actuar es un fenómeno conocido como parálisis por análisis. Esta etiqueta fue inventada para describir el escenario, muy común, donde alguien se siente abrumado al considerar todas las opciones posibles o todos los ángulos concebibles, hasta el punto en que se vuelve incapaz de comprometerse con un curso de acción particular.

Este fenómeno es especialmente común entre las personas interesadas en temas como la filosofía. Los individuos introspectivos y analíticos son muy buenos para ver los diferentes lados de los problemas, lo cual es algo fantástico hasta que se convierte en algo negativo. Siempre debes esforzarte por reflexionar sobre tus acciones, pero en un determinado momento necesitas actuar.

Vivimos en un mundo que rebosa de opciones. Puede parecer que cada momento de cada día está lleno de innumerables elecciones. ¿Cómo se supone que debemos actuar cuando sentimos que es imposible elegir cuál de los miles de caminos disponibles para nosotros es el mejor?

Afortunadamente, el estoicismo tiene algunos consejos útiles para cortar a través del caos y trazar un camino hacia adelante. No te proporcionará las respuestas a cada pregunta que enfrentas, pero te dará algunas herramientas que te ayudarán a tomar decisiones que llevarán tu vida hacia adelante de una manera positiva y productiva.

Moviéndose Virtuosamente

Una vez más, debemos volver a ese concepto clave del estoicismo: la virtud. Esta es una cuestión especialmente importante a considerar cuando hablamos de acción, ya que nuestras acciones suelen tener consecuencias que van más allá de nosotros mismos.

El estoicismo dice que cuando trazamos un curso de acción, la consideración más importante es si esa acción es virtuosa o no. La otra pregunta es si la acción te ayudará a desarrollar tu virtud.

Si quieres vivir una vida conforme a los principios estoicos, entonces una de las cosas más importantes que debes hacer es llegar a una cierta comprensión de lo que la virtud significa para ti. Puedes leer libros sobre lo que es la virtud y escuchar debates entre defensores de diferentes sistemas éticos, pero al final solo tú puedes decidir en qué crees realmente.

Puede llevar mucho tiempo y mucho esfuerzo desarrollar un sistema de creencias firmes sobre cómo es una vida virtuosa. Pero una vez que tengas una idea clara en tu cabeza, siempre podrás comparar acciones potenciales con tu vida ideal y preguntar si están o no en alineación. Esta única prueba puede ayudarte a despejar gran parte del desorden de la vida y pasar de una vida de indecisión y arrepentimiento a una vida de acción y realización.

Por supuesto, no todas las decisiones están cargadas de peso ético. Cuando estás en la tienda y tratas de elegir una fruta para comprar, no tienes que sentir que tu virtud está en juego. Pero eso no significa que el estoicismo no tenga nada que ofrecer en estas situaciones. Cuando te enfrentas a una situación en la que la virtud no está en juego y no puedes decir qué opción es preferible, entonces simplemente elige una opción y sigue adelante con tu vida.

Lidiando con Consecuencias Inesperadas

Sé que todavía hay algunos de ustedes que están preocupados por tomar acción. Puede que se preocupen de que, incluso si actúan con las mejores intenciones, sus acciones podrían tener consecuencias no deseadas que lastiman a otras personas. Entonces podrían enojarse contigo o podrías tener que vivir con la culpa por el resto de tu vida.

El estoicismo tiene una respuesta para esto. El sistema ético en el que se basa el estoicismo es la ética de la virtud. La idea de la ética de la virtud es que las acciones son correctas o incorrectas basándose en la intención de la persona que actúa en lugar del resultado de sus acciones. Compara esto con el consecuencialismo, que dice que las acciones son correctas o incorrectas según el resultado de las acciones en lugar de la intención de las personas que actúan.

El debate entre estas dos escuelas de pensamiento ha estado ardiendo durante miles de años. Personas buenas se adhieren a ambos sistemas de creencias, pero los estoicos tienen una buena razón para posicionarse donde lo hacen. Uno de los principios más fundamentales del estoicismo es que solo controlamos nuestros propios pensamientos y acciones, no podemos controlar el resultado de nuestras acciones. Si crees esto, entonces no tiene sentido alterarse preocupándose por las consecuencias inesperadas, ya que son, por definición, imposibles de predecir.

Por favor, ten en cuenta que esto no significa que debas actuar sin pensar las cosas. Los estoicos aún hacen su debida diligencia para asegurarse de que sus acciones no tengan consecuencias que no sean evidentes, pero se podrían predecir basándose en un examen de toda la evidencia. La idea es simplemente que en algún momento las cosas están más allá de nuestra capacidad de predecir. No puedes culpar a otros por las consecuencias impredecibles de sus acciones y no deberías sentir culpa por el mismo tipo de resultados.

Todo esto es más fácil de decir que de hacer. Incluso al saber estas cosas, aún puede ser doloroso ver cómo los planes se desmoronan y las personas sufren a causa de tus decisiones bien intencionadas. Pero un estoico busca trascender este sufrimiento, entendiendo que no tiene valor. Nada mejora cuando te castigues por cosas que no puedes controlar, tu dolor nunca sanará a otros. Por eso el estoico no se detiene en las circunstancias desafortunadas, solo busca aprender lo que puede y avanzar.

¿Cuál es el peor escenario que puede ocurrir?

Otra forma de motivarte para actuar es detenerte a considerar qué es lo que realmente te impide avanzar. Una de las formas más comunes en que las personas se interponen en su propio camino es al centrarse en los peores escenarios que pueden resultar de sus decisiones. Aunque podría sugerir que simplemente debes ignorar estos escenarios porque casi siempre son altamente improbables, en este caso voy a sugerir que los afrontes de frente.

Así que tómate un segundo y considera cuál podría ser realísticamente el peor resultado posible de la elección que estás considerando. Ahora que tienes este escenario en mente, pregúntate si serías capaz de vivir con las consecuencias.

El hecho es que los humanos son más duraderos de lo que a menudo nos damos crédito. Podemos sobrevivir a grandes lesiones, tanto literales como metafóricas. Todos los días, las personas sufren tragedias y todos los días las personas continúan viviendo con las secuelas.

Ahora, tómate un segundo para considerar las verdaderas probabilidades de que termines enfrentando un verdadero escenario de peor caso. A menos que seas un temerario o consideres algo que sea inusualmente peligroso, probablemente saldrás de las secuelas de un intento fallido sin muchos problemas.

Por supuesto, hay algunas situaciones en las que las consecuencias pueden ser mortales. Y en estos casos vale la pena recordar que todos vamos a morir en algún momento. Esto no significa que debas tirar tu vida a la basura, pero sí significa que no debes engañarte pensando que al evitar riesgos potencialmente mortales puedes vivir para siempre. Puedes vivir dentro de una burbuja toda tu vida, haciendo nada más que ejercitarte y comer comida saludable, y al final seguirás muriendo.

Por favor, entiende que no estoy sugiriendo que asumas riesgos por el simple hecho de asumir riesgos. Esa no es la forma estoica. La idea no es buscar problemas y desventuras, sino reconocer que realmente no necesitamos temer las cosas que nos desvelan por la noche. Nadie quiere lidiar con el fracaso, pero el fracaso no es el fin del mundo. La verdad es que el éxito puede conducir al fracaso y el fracaso puede conducir al éxito. Por eso, un estoico toma la vida tal como viene, aprovechando al máximo cada situación.

Moviéndose Rápidamente y Valientemente

Recuerda el concepto más básico del Estoicismo: la vida es lo que tú haces de ella. Lo que otras personas podrían ver como contratiempos o decepciones; un estoico puede verlo como oportunidades. Cuando vives con una mentalidad estoica, no tienes que vivir con miedo. Puedes tomar decisiones con total confianza ya que sabes que, pase lo que pase, podrás manejar el resultado. Siempre que estés tomando tus decisiones con la vista en la virtud, entonces puedes vivir sin arrepentimientos.

Cada resultado es una oportunidad

La otra cosa a considerar al observar la acción a través de una lente estoica es que, independientemente de si una acción conduce a un "fracaso" o a un "éxito," el resultado se ve más propiamente como una oportunidad. Un verdadero estoico rechaza etiquetas como "fracaso" y "éxito" por esta razón. Dirían que la vida es una serie de situaciones en las que tenemos la oportunidad de desarrollar nuestras virtudes.

El éxito te da la oportunidad de desarrollar tu humildad y generosidad, manteniendo los pies en la tierra y compartiendo la riqueza con quienes te rodean. Mientras tanto, el fracaso te permite desarrollar las virtudes de la perseverancia y la creatividad. Es fácil seguir adelante cuando todo sale según lo planeado, se necesita un verdadero carácter para seguir avanzando y idear nuevos planes a pesar de tus fracasos anteriores.

La historia americana no sería la misma si el General Ulysses S. Grant siempre hubiera conseguido su deseo. A diferencia de muchos de los grandes líderes de la historia, Grant era un hombre humilde. Cuando asistió a West Point, su sueño no era convertirse en general, solo esperaba poder convertirse en maestro de matemáticas y ganarse la vida para él y su amada Julia.

Aún así, sentía una obligación hacia el ejército que había pagado por su educación y siguió sus órdenes mientras lo llevaba a México, cruzando Panamá y hacia la lejana frontera de California. Cuando Grant vio San Francisco sintió un nuevo llamado en la vida y soñó con mudarse a la ciudad algún día. Pero la vida lejos de su familia lo afectó profundamente y comenzó a beber. Terminó siendo dado de baja del ejército bajo una sombra de vergüenza que lo seguiría toda su vida (Largay, 2014).

Durante diez años lucharía por ganarse la vida en el Este, dejado a revolcarse en la vergüenza por el fracaso de su carrera militar. Pero lo que él no sabía era que la inminente Guerra Civil Americana le permitiría ascender rápidamente en las filas del Ejército de la Unión y convertirse en el General estadounidense más poderoso desde George Washington.

Grant no solo vería su propia fortuna cambiar; cambiaría la fortuna de una nación. Era la última esperanza de Abraham Lincoln, reemplazando a una larga serie de generales que habían fracasado en derrotar a Robert E. Lee. Para cuando Grant asumió el poder, la Unión disfrutaba de muchas ventajas sobre los confederados en teoría, pero la población estaba cansada y harta de la guerra. Lincoln estaba en campaña por la reelección y parecía que perdería ante un candidato que buscaría la paz con el Sur, permitiendo que los estados rebeldes finalmente se separaran de la Unión y aseguraran el futuro de la esclavitud en América.

Si Grant hubiera conseguido su deseo y se hubiera convertido en profesor universitario, nunca habría tenido la experiencia militar que lo prepararía para la Guerra Civil. Si hubiera podido tener éxito en la Costa Oeste y establecerse en San Francisco, entonces casi con certeza habría permanecido allí para defender el territorio de un ataque extranjero durante la Guerra Civil.

Si Grant no hubiera fracasado miserablemente una y otra vez en su vida, nunca habría podido convertirse en la leyenda que es hoy. Yendo más allá, es muy posible que las fallas personales de Grant finalmente salvara a la Unión y liberara a innumerables hombres y mujeres de la esclavitud.

El éxito crece del campo del fracaso

El caso de Ulysses S. Grant es bastante extremo, pero el patrón básico es algo que se puede ver en todos los ámbitos de la vida. Si lees la biografía de casi cualquier persona exitosa, verás que no habrían logrado lo que hicieron si no hubieran fracasado en algún momento de su vida. Fracasos que parecían insuperables en ese momento pavimentarían en última instancia el camino hacia éxitos previamente inimaginables.

Nadie nace con su vida perfecta trazada ante ellos. Créalo o no, tener éxito en lo primero que intentas no es necesariamente el camino hacia la felicidad. A veces, el fracaso es necesario para orientarte en una dirección donde serás más feliz y realizado.

Cuando dejas de centrarte en ver la vida a través de la lente binaria del éxito y el fracaso, podrás ver que todo es una oportunidad. Esto puede ayudarte a liberarte de tu parálisis. En lugar de esperar y esperar una oportunidad perfecta que quizás nunca llegue, puedes permitirte avanzar con confianza, sabiendo que cuanto antes acts, antes encontrarás nuevas oportunidades.

La fortuna favorece a los audaces. La oportunidad perfecta no va a caer simplemente en tu regazo, solo se revelará si te arriesgas y sigues buscando oportunidades donde otros no están mirando.

Conclusiones Prácticas

Para este capítulo se te pedirá que hagas algo un poco diferente.

Pon tu papel y utensilios de escritura a un lado. Ahora piensa en lo que necesitas hacer en este momento. Es probable que estés posponiendo algo que podrías hacer ahora mismo. Podría ser algo grande para tu trabajo o podría ser algo pequeño como sacar la basura o enviar un mensaje rápido a alguien con quien has estado queriendo hablar. O podría ser algo interno, como tomarte un tiempo para meditar en silencio.

¿Tienes algo en mente? Hazlo ahora mismo.

Está bien, ¿lo terminaste? Espero que sí, pero sé que hay algunas buenas excusas por las que podrías haber seguido leyendo. Podrías estar en un autobús lleno de gente, o sentado en una playa, o en alguna otra situación donde no puedes hacer lo que necesitas hacer o donde no tienes obligaciones reales. Aún podrías haber tomado un minuto para meditación en silencio, pero simplemente seguiremos adelante.

Si te encuentras en una de estas situaciones y solo

estás leyendo el libro sin hacer esto o cualquiera de las otras tareas, no te sientas mal por ello. Pero debes entender que los beneficios que veas se verán disminuidos. Así que, te recomendaría que intentes hacer estas tareas prácticas tan pronto como puedas.

Los humanos son criaturas naturalmente perezosas. Nos aferramos a cualquier excusa que nos permita eludir nuestras obligaciones. La única manera de superar esta tendencia natural hacia la inacción es desarrollando deliberadamente el hábito de actuar. Puede ser difícil al principio, pero es necesario si quieres alcanzar tu máximo potencial.

Capítulo 6: Lente estoica

Debemos tener una visión más elevada de todas las cosas y sobrellevarlas con mayor facilidad: es más propio de un hombre burlarse de la vida que lamentarse por ella.

—Séneca

Mientras el estoicismo comienza con la introspección, eventualmente el estoico necesita mirar hacia el mundo que lo rodea. El control comienza con comprender tus propias emociones, pero eventualmente necesitas considerar cómo encajas en el mundo que te rodea.

Cada filosofía intenta dar sentido al mundo caótico y confuso, y el estoicismo no es diferente. Ofrece a las personas una verdadera visión del mundo, una manera de mirar el mundo que te rodea y darle sentido a lo que está sucediendo. Cuando realmente entiendas los conceptos estoicos, podrás comprender muchas de las cosas que anteriormente te molestaban. Esto no significa que las acciones de los demás de repente se vuelvan lógicas, pero podrás entender el tipo de errores que conducen a los desastres que ves cada vez que enciendes la televisión o abres un periódico.

Ni pesimismo ni optimismo

"¿Eres pesimista u optimista?"

Este es el tipo de pregunta que a la gente le encanta hacer. Apela a nuestro deseo natural de dividir el mundo en extremos blanco y negro que podemos etiquetar rápida y fácilmente para nuestros propios propósitos.

El estoicismo se encuentra fuera de esta forma binaria de ver el mundo. Mientras que algunas personas podrían pensar que el estoicismo suena pesimista, la verdad es que rechaza los extremos tanto del pesimismo como del optimismo.

Míralo de esta manera: un optimista mira un vaso de agua y dice que está medio lleno. Un pesimista mira un vaso de agua y dice que está medio vacío. Un estoico mira un vaso de agua y acepta la cantidad de agua que hay en el vaso.

Recuerda, el estoicismo se trata de aceptar el mundo tal como es, ya que está más allá de nuestro control. Tenemos cierto control sobre nuestro futuro cuando tomamos el mando de nuestras propias acciones, pero aún así no podemos controlar cómo las personas y las cosas reaccionarán a nuestras acciones y el efecto mariposa que podrían crear nuestras elecciones.

La otra cosa a recordar es que el estoicismo trata de trascender etiquetas como bueno y malo. Un optimista espera que sucedan cosas buenas, un pesimista espera que sucedan cosas malas, mientras que un estoico espera que las cosas sucedan.

Sin expectativas

Una cosa que un estoico debe evitar son las expectativas confiadas sobre lo que sucederá en el futuro. Esto es porque el estoico entiende que la única cosa que controla es a sí mismo. El mundo está lleno de fuerzas que están más allá de nuestro control. Podemos intentar comprender e influir en estas fuerzas, pero incluso en nuestro momento más poderoso estamos severamente limitados.

Tantas personas creen que su vida debería ser como una sinfonía, donde todas las notas están perfectamente dispuestas frente a ellos y lo único que necesitan hacer es tocar y todo saldrá bien. El estoico entiende que esto es una locura.

El estoicismo nos dice que la vida se parece más a un concierto de jazz. Los patrones pueden surgir de vez en cuando, pero están en constante cambio, y depende de nosotros improvisar y tratar de crear algo hermoso a partir del caos que nos rodea. El momento en que piensas que conoces la melodía y puedes desconectar tu mente es el instante en que el tempo cambiará, y te quedarás atrás.

Para algunas personas, esta es una revelación sumamente frustrante. Lucharán por aferrarse a su antigua forma de pensar incluso cuando el mundo constantemente viola sus creencias y confunde su pensamiento. Una cantidad desafortunada de personas experimenta vidas de frustración porque nunca pueden entender este hecho.

Aquellos que tienen éxito son los que abrazan la realidad tal como es, con caos incluido. Incluso si no es la manera en que preferirías que fueran las cosas, aún puedes encontrar belleza si sabes dónde mirar. Cuando la vida no está perfectamente dispuesta frente a ti, es posible experimentar la sensación de libertad en el momento, aprovechando cada oportunidad que encuentres para buscar la superación personal y la realización.

Visto a través de este lente, el mundo del estoicismo no parece tan sombrío. Creo que encontrarás que muchas creencias estoicas que parecen sombrías o oscuras a primera vista en realidad resultan ser edificantes y afirmativas de la vida si te tomas el tiempo para comprenderlas adecuadamente.

Leyendo Más Allá de los Titulares

A medida que aprendas a ver el mundo a través de una lente estoica, llegarás a entender cuántas pocas personas adoptan este enfoque. Muy pocos seres humanos buscan trascender sus emociones, permitiendo que la pasión nuble su visión y controle las acciones que toman.

En ningún lugar esto es más claro que cuando miras

los medios de comunicación modernos. Ya sea que estés viendo el periódico, la televisión, la pantalla de cine o internet, puede parecer que todo está diseñado para hacerte enojar, deprimir o sentirte inseguro.

Los seres humanos son propensos a pasiones negativas por nuestra propia naturaleza. Aquellos en los medios entienden que la manera más fácil de hacernos involucrarnos con sus productos es avivando estas pasiones. Por eso, los estoicos deben estar en guardia al tratar con los medios. No todos los medios son malos, pero debes entender que la mayoría de los medios está más interesada en intensificar tu pasión que en fomentar el cultivo de la virtud personal.

Si deseas mejorar tu propio estado de ánimo y vivir en línea con las virtudes estoicas, entonces debes tomarte el tiempo para reconsiderar tu dieta mediática.

Manipulación de los Medios de Comunicación

¿Alguna vez te has preguntado cuál es el propósito de los medios? ¿Es entretener? ¿Es informar? ¿Es producir trabajos de gran valor? Ciertamente puede ser todas estas cosas, pero en esta era del consumismo debes recordar que lo más importante que cualquier pieza de media tiene que hacer es ganar dinero.

Esto es algo que la mayoría de las personas sabe intelectualmente, pero aún es fácil de olvidar cuando estás viendo una pieza de contenido producida professionalmente que ha sido elaborada utilizando enormes cantidades de dinero para eludir tus defensas y que estés abierto a lo que tenga para vender.

Uno de los sectores más problemáticos de los medios modernos es el de las noticias. Esto se debe a que todos podemos coincidir en que una industria de noticias saludable es importante para mantener al público informado y controlar las ambiciones de aquellos que manipularían y abusarían de la población. Pero no se puede olvidar que muchos productos de noticias modernos son tanto entretenimiento como información, difuminando las líneas de modo que se vuelve difícil saber cuándo se te está informando y cuándo se te está manipulando.

"Si sangra, lidera." Este adagio es algo que cada estoico debería tener en cuenta. Si enciendes las noticias en cualquier día dado, es probable que te encuentres lidiando con un diluvio de muerte, destrucción y horror que puede ser difícil de asimilar.

Con todo el horror que desfilan por nuestras pantallas a cada hora del día, puede ser fácil creer que estamos viviendo en uno de los peores períodos de la historia humana. Pero si te tomas el tiempo de comparar estadísticas sobre el mundo moderno con las de hace solo unas pocas décadas, verás una imagen muy diferente.

Por muchas medidas, en realidad estamos viviendo en uno de los períodos más saludables, seguros y prósperos de la historia registrada. Por favor, entiende que no estoy sugiriendo que aquellos que señalan el sufrimiento real en este mundo están haciendo un mal servicio. Las noticias deberían resaltar la injusticia y llevarla a la atención de las personas que podrían hacer un cambio. Pero en un mundo que está lleno de más de seis mil millones de almas, nunca habrá un fin a las historias tristes.

Cuando miras las noticias o consumes los medios, por favor recuerda que no necesariamente están pintando una imagen precisa de la vida. Los actos de violencia siempre estarán en la portada, mientras que los actos de bondad suelen ser relegados a la parte de atrás. Las personas que crean los medios entienden que es más fácil ganar dinero a partir de tus pasiones poco saludables que apelar a tus pensamientos más saludables.

Por eso los estoicos siempre deben mirar más allá de los titulares. No saques conclusiones precipitadas ni generalices a partir de una cantidad limitada de información. Debes considerar el tiempo que pasas viendo o leyendo las noticias como una oportunidad para practicar tus virtudes estoicas, esforzándote por evitar aplicar etiquetas mientras buscas la verdad más profunda.

Esta no es una manera fácil de consumir medios, pero es una forma más saludable y virtuosa de hacerlo. Recuerda, cada momento de tu vida es una oportunidad para desarrollar tu virtud, ya sea que estés con amigos o sentado en casa revisando tu teléfono. El verdadero estoico está constantemente alerta para encontrar oportunidades de desarrollarse y crecer.

Enfermedad de las Redes Sociales

Aunque los medios de comunicación tradicionales siempre han despertado las pasiones humanas, la última innovación en medios ha llevado este enfoque a un nivel completamente nuevo. Las redes sociales son una versión más potente y adictiva de los antiguos medios de comunicación masiva. Es cierto que las redes sociales pueden hacer muchas cosas maravillosas, pero también pueden tener una amplia gama de efectos secundarios destructivos de los que demasiada gente no es consciente.

Las redes sociales como Facebook, Twitter e Instagram están diseñadas para penetrar en tu subconsciente y crear una sensación de dependencia. Te atraen al afirmar que fomentan la comunidad y luego te enganchan con la liberación de dopamina que sientes cuando a las personas les “gusta” el contenido que compartes.

Nada de esto quiere decir que tengas que eliminar tus cuentas de redes sociales. Para bien o para mal, los sitios de redes sociales se han convertido en lugares importantes para recopilar información, conectar con compañeros y hacer negocios. Con todo esto en mente, puedes tener muchas buenas razones por las cuales no puedes simplemente abandonar las redes sociales. Pero eso no significa que no puedas replantear la forma en que utilizas estos sitios.

Al reducir o repensar la forma en que usas las redes sociales, puedes mitigar su impacto negativo mientras te concentras en los aspectos más positivos. Este es un hilo delicado de manejar, pero si deseas vivir una vida más feliz y saludable, vale la pena reflexionar de manera crítica y cuidadosa sobre el papel que las redes sociales juegan en tu rutina diaria.

Desconectándose de la Matrix

El negocio de manipular las pasiones poco saludables de los seres humanos es un negocio de miles de millones de dólares. La publicidad, el entretenimiento, las noticias, la política, todos estos campos son dirigidos por profesionales que están entrenados en el arte de manipular las pasiones humanas para lograr ciertos objetivos. Algunos objetivos son más virtuosos que otros, pero al final el hilo conductor que los une a todos sigue siendo su naturaleza manipulativa.

Incluso cuando entiendes que estás siendo manipulado, probablemente encontrarás que es difícil escapar de las trampas que se han tendido para ti. Este es el ingenio insidioso de la manipulación mediática moderna; incluso las personas que comprenden que las redes sociales les están causando depresión siguen volviendo día tras día debido a su dependencia personal y a la red global de presión de grupo que los rodea.

Por favor, entiende que no estoy diciendo que debas convertirte en un ludita que renuncia a todas las formas de tecnología y medios para vivir una vida de meditación silenciosa en un monasterio. Incluso si esta fuera la acción más saludable para todos, lo cual dudo, el hecho es que no es una sugerencia realista. Lo que es realista es un esfuerzo concertado para intentar contrarrestar los efectos de la manipulación mediática para que puedas intentar alcanzar un mayor nivel de estabilidad emocional y control mental.

Intenta reducir tu consumo de medios. Sé más selectivo con las cosas que pones en tu mente. Practica un escepticismo saludable cuando te encuentres con noticias que están diseñadas para jugar con tus pasiones.

Memento Mori

Preparemos nuestras mentes como si hubiéramos llegado al final de la vida. No posterguemos nada. Equilibremos las cuentas de la vida cada día... Aquél que da los toques finales a su vida cada día nunca se queda sin tiempo.

—Séneca

La frase "memento mori" es central en el pensamiento estoico. Es latín, que se traduce aproximadamente como "recuerda que debes morir."

Es una frase contundente que nos enfrenta a una realidad de la vida con la que la mayoría de nosotros preferiría no lidiar. Es posible que estés pensando que es demasiado mórbido, y que no tiene cabida en un libro sobre cómo liberarte del estrés. Después de todo, ¿qué podría inspirar más estrés que el espectro de la muerte?

Pero debes recordar que una de las prácticas

fundamentales del estoicismo es la aceptación del destino. Te guste o no, todos compartimos un destino común. Esta es una de las razones por las que un libro escrito por alguien tan singularmente poderoso como un emperador romano podría inspirar a personas de todos los ámbitos de la vida.

La muerte es una constante para todos nosotros, sin importar cuán ricos o poderosos podamos ser. Es un recordatorio de que, aunque algunas personas parecen haber trascendido más allá del reino de los mortales a través de su talento, prestigio o belleza, al final todos deben afrontar la muerte.

No es algo que ninguno de nosotros quiera aceptar, pero practicar estoicismo significa aceptar verdades difíciles. Pero esto no significa que el estoicismo sea una filosofía morbosa. Cada filosofía honesta debe lidiar con la muerte. La cuestión es cómo lidian con la muerte.

¿Vida Después de la Muerte?

En este punto, algunos de ustedes pueden estar preguntándose qué tiene que decir el estoicismo sobre la vida después de la muerte. Después de todo, casi todos están de acuerdo en que la muerte es inevitable, pero casi nadie puede ponerse de acuerdo sobre lo que sucede después de la muerte.

Aquí es importante recordar que el estoicismo es una filosofía, no una religión. A lo largo de la historia, los estoicos han tenido muchas creencias religiosas diferentes. Los primeros estoicos eran politeístas griegos y romanos que creían en pantheones enteros de dioses. Luego, cuando el Imperio Romano se convirtió al cristianismo, muchos pensadores cristianos combinaron la teología cristiana con ideas estoicas para crear nuevas formas de pensar sobre la vida. Hoy en día, personas de todas las fes y creencias pueden llamarse escépticos, cada uno encontrando alguna manera de combinar las ideas del estoicismo sobre esta vida con sus convicciones religiosas concernientes a la posibilidad de una vida después de la muerte.

Recuerda que el estoicismo es una filosofía práctica. Está diseñado para responder a la pregunta de cómo debemos actuar en esta vida. Nada sobre el estoicismo excluye la posibilidad de una vida después de la muerte, pero tampoco está ligado a la idea de una.

Esta es una área en la que tienes que llegar a tus propias conclusiones. Simplemente entiende que, sea cual sea tu creencia, no estás solo en la comunidad estoica. Es un grupo diverso y acogedor que está abierto a personas de todas las creencias.

Viviendo en la sombra de la muerte

Cuando las personas se exponen por primera vez al estoicismo, la idea de "memento mori" a menudo puede parecer una creencia que parece bastante morbosa y de mal gusto. Esto es comprensible; es fácil mirar a alguien que piensa regularmente en la inevitabilidad de la muerte y asumir que es algún tipo de "adorador de la muerte" que ama la muerte más que la vida. Pero esto no puede estar más alejado de la realidad cuando se trata de la gran mayoría de los estoicos.

La verdad es que los estoicos no piensan en la muerte porque sea agradable, nos recordamos la muerte porque es desagradable. Es el chorro de agua fría que nos despierta a la dura realidad, que es que la vida es limitada.

La mayoría de los estoicos ama la vida. Sin ninguna certeza respecto a la vida después de la muerte, solo podemos estar seguros de que esta vida es nuestra oportunidad para vivir virtuosamente y buscar una mejora constante. El hecho de que la muerte sea inevitable es un recordatorio de que solo tenemos una cantidad finita de tiempo disponible para alcanzar todas las cosas que queremos lograr.

No recordamos la muerte porque valorizamos la muerte, recordamos la muerte porque nos recuerda cuánto deberíamos valorar la vida. Ninguno de nosotros sabe cuánto tiempo pasará en esta tierra. Podrías vivir hasta los 120 años o podrías morir mañana. Por eso es importante aprovechar al máximo cada momento, porque nunca sabes cuál será tu último momento.

Conclusión Práctica

La muerte es algo con lo que nadie quiere lidiar, pero todos enfrentaremos un día. Los estoicos siempre han creído que aceptar las realidades de la vida es esencial para vivir la mejor vida posible. En este ejercicio, veremos una forma saludable y productiva de abordar el tema de la muerte.

Saca tu papel y utensilio de escritura. Ahora tómate

unos momentos para escribir el elogio que te gustaría que se leyera en tu funeral algún día.

¿Has terminado?

Este es un ejercicio clásico que está diseñado para ayudarte a concentrarte en cuáles son tus verdaderos valores en esta vida. En una sociedad consumista, puede ser demasiado fácil perderse en un bosque de preocupaciones materiales. Pero, al fin y al cabo, la mayoría de las personas valoran las relaciones incluso por encima de sus posesiones físicas más preciadas.

Lee tu elogio y pregúntate cómo te sientes al respecto. ¿Sientes que has vivido una vida con la que puedes estar feliz cuando todo está dicho y hecho? ¿O sientes que la forma en que estás viviendo tu vida no se alinea con tus prioridades más profundas?

Pensar en tu propia muerte no es una actividad agradable, pero puede ayudar a enfocar tu mente en lo que realmente es importante en tu vida.

Capítulo 7: Viviendo de Acuerdo con la Naturaleza

Para un ser racional, actuar de acuerdo con la naturaleza y de acuerdo con la razón es lo mismo.

—Marco Aurelio

Un estoico a menudo se entiende como alguien que se mantiene en silencio y soporta el dolor y la lucha, pero esto es solo parte de un panorama más amplio. El estoicismo nos enseña que debemos soportar las dificultades cuando sea necesario, pero el punto más importante es que debemos tratar de fluir con la naturaleza en lugar de luchar contra ella.

Una vida de estoicismo no tiene por qué ser una vida de lucha. Los estoicos siempre han buscado vivir una vida de paz y armonía, donde las elecciones humanas se alineen con la naturaleza.

El Mundo Natural, Por Dentro y Por Fuera

Se supone que el Sabio Estoico debe aceptar la naturaleza plenamente, tanto por dentro como por fuera. Esto significa que acepta la naturaleza humana que lo rige como individuo y la sociedad en su conjunto, al tiempo que acepta las leyes de la naturaleza que rigen todo en este planeta y en todo el universo. La vida no es una lucha para el Sabio porque no solo acepta la naturaleza de mala gana, sino que se mueve con sus mareas y es llevado a lo largo de la vida.

Antes de adentrarnos demasiado en este tema, es importante tomarse un momento para entender qué quieren decir los estoicos cuando hablan de la naturaleza. Cuando los individuos modernos hablan de la naturaleza, imaginan el mundo natural, con plantas, animales y cielo azul. Pero cuando los filósofos estoicos consideraban la naturaleza, estaban pensando en las características fundamentales de todo lo que existe.

Entonces, cuando hablamos de aceptar la naturaleza, eso incluye aceptar el mundo natural que nos rodea, pero también significa algo que es simultáneamente más grande y más íntimo.

El Mundo Natural

Una de las primeras y más importantes cosas que un

Estoico debe aceptar es el mundo natural que rige toda la vida. Solo podemos sobrevivir en este planeta porque las leyes de la naturaleza lo permiten. Los Estoicos también entendieron que, aunque los humanos pueden ser diferentes de otras formas de vida en algunos aspectos cruciales, todavía encajamos dentro del ecosistema más grande como una pieza que se coloca en un gran rompecabezas.

La razón exige que aceptemos respetuosamente las fuerzas de la naturaleza y nuestro propio lugar dentro del vasto y complejamente imposible mundo natural en el que habitamos. Puede parecer otra sugerencia obvia, pero descubrirás que las personas a menudo tienen dificultades para aceptar el mundo natural.

Considera cuántas veces has oído a las personas quejarse de las leyes básicas de la naturaleza. Esto es algo que es especialmente común entre las personas que están tratando de perder peso. ¿Quién no se ha preguntado por qué la comida poco saludable parece tan deliciosa mientras que la comida saludable parece tan poco atractiva? Después de un duro día de ejercicio, prácticamente cualquiera se sentirá compelido a preguntar por qué engordar es tan fácil mientras que quemar calorías es tan difícil.

Todos sentimos la necesidad de quejarnos sobre las muchas maneras en que el mundo puede ser frustrante. El estoicismo enseña que no debemos sentirnos mal por este impulso natural, pero también dice que no debemos ceder a él. Cuando sentimos el impulso de quejarnos sobre las leyes de la naturaleza, debemos, en su lugar, practicar la aceptación.

También debes recordar que cada vez que nos sentimos frustrados, tenemos una oportunidad para desarrollar nuestra virtud personal. Cualquiera puede moverse con facilidad a través de una vida sin desafíos; se requiere una persona virtuosa para enfrentar los obstáculos de frente y superarlos sin quejarse.

Esto no significa que siempre podrás enfrentar cada hecho frustrante de la vida con perfecta gracia, pero puedes esforzarte por ser como un Sabio en todo lo que haces. El objetivo es el crecimiento; siempre que te empujes constantemente a crecer y mejorar, estarás actuando de acuerdo con la virtud estoica.

Naturaleza Humana

Otro aspecto de la naturaleza con el que cada estoico tiene que lidiar es la humanidad. Como humanos, compartimos una naturaleza común que nos conecta. Tenemos nuestras propias naturalezas individuales, y luego tenemos una naturaleza colectiva que regula cómo interactuamos entre nosotros en grupos.

Mucho antes de que los antropólogos comprendieran la importancia de la comunidad para todos los seres humanos, los estoicos entendían que, como humanos, somos criaturas sociales.

Como dijo Marco Aurelio, los humanos "nacieron para la cooperación, como los pies, como las manos, como los párpados, como las filas de dientes superiores e inferiores. Así que trabajar en oposición unos a otros es ir contra la naturaleza: y la ira o el rechazo son oposición."

No todos somos igualmente sociales por naturaleza. Algunas personas necesitan más tiempo a solas, mientras que otras requieren una socialización casi constante. Sin embargo, los seres humanos en general necesitan fuertes conexiones sociales para vivir vidas saludables y productivas.

Comprensión y Aceptación

Muchos estoicos modernos encuentran que la práctica de vivir de acuerdo con la naturaleza es una de las cosas más difíciles de hacer.

No hay forma de eludir la complejidad total de este asunto, pero hay atajos que puedes tomar para atravesar algunas de las preguntas más técnicas y llegar a los problemas que son más relevantes para nuestra vida cotidiana.

Como estoico, tu tarea principal es entender qué puedes cambiar en esta vida para que puedas aceptar las cosas que actualmente no puedes. Un punto que la filosofía estoica enfatiza una y otra vez es que no debemos perder tiempo y energía luchando por cambiar cosas que no se pueden cambiar. Esto se considera la máxima locura y la caída de muchas almas pobres.

Esta es la razón por la que el estoicismo pone tanto énfasis en la acción personal. Tantas cosas en este mundo están más allá de nuestro control, pero si miras dentro de ti mismo, encontrarás que puedes lograr muchas cosas. Puede que no puedas reescribir las reglas de la sociedad moderna, pero si estás dispuesto a hacer lo que es necesario, puedes cambiar drásticamente la forma en que vives dentro de esta sociedad.

El Estado No Natural de la Vida Moderna

Mientras que los antiguos estoicos no se centraban en cosas como cielos azules y campos verdes cuando discutían el poder de la naturaleza, vivían en un mundo que era muy diferente del que habitamos actualmente. Incluso en las ciudades más grandes de Atenas y Roma, los estoicos nunca habrían podido imaginar un mundo tan alejado de la naturaleza como las ciudades que los seres humanos modernos han creado.

El estoicismo no está en contra de que los humanos realicen cambios en su entorno. La invención y la innovación son partes esenciales de la naturaleza humana; muchos estoicos argumentarían que vivir una vida sin ropa, herramientas o viviendas construidas violaría la naturaleza humana. Pero también hay un punto en el que los humanos se alejan tanto de los entornos que nos formaron que somos como peces sacados del agua. Muchas personas que viven vidas solitarias en habitaciones oscuras están prácticamente ahogándose, negadas de tantas cosas que su naturaleza humana anhela a un nivel fundamental.

Nada de esto sugiere que el estoicismo exige que dejes

la ciudad atrás y te dirijas al campo. La idea es más humilde que eso; lo que se necesita es una mayor exposición a entornos naturales y un regreso a los patrones de vida más naturales que existían antes de que los humanos comenzaran a intentar transformar el mundo.

Pasa menos tiempo mirando imágenes del mundo en la pantalla de un ordenador y más tiempo mirando el mundo con tus propios ojos. Tómate descansos regulares de tus apartamentos y oficinas compactos para salir bajo el cielo abierto.

La Importancia del Sueño

Un cambio especialmente crucial a considerar es tu horario de sueño. Pocas personas modernas duermen tanto como necesitan. E incluso cuando las personas duermen lo suficiente, a menudo experimentan un sueño de baja calidad que les deja sintiéndose cansadas e irritables mientras llevan a cabo su día.

La persona promedio necesita más sueño del que está recibiendo. Un estudio mostró que "el cuarenta y cinco por ciento de los estadounidenses dicen que el sueño deficiente o insuficiente afecta sus actividades diarias" a lo largo de la semana promedio (National Sleep Foundation, 2014). También hay preguntas sobre los patrones de sueño. Durante la mayor parte de la existencia humana, las personas se iban a la cama aproximadamente al atardecer y se despertaban alrededor del amanecer. Esto tiene perfecto sentido si consideras el hecho de que la mayoría de las personas tenía opciones limitadas para iluminar la oscura noche, por lo que no había mucho que pudieran hacer una vez que el sol se ponía.

Pero gracias a la llegada de la electricidad ahora podemos extender nuestras actividades diarias hasta altas horas de la noche. Esto a veces puede ser bueno para nuestras vidas sociales, pero puede causar problemas con nuestros horarios de sueño. Solo porque puedes desobedecer el reloj interno de tu cuerpo no significa que debas hacerlo. Ponerte en contacto con los ritmos naturales de tu cuerpo es una buena manera de volverte más feliz, más saludable y más enérgico.

Comida para reflexionar

Otro área en la que deberías prestar seria atención es tu dieta. El cuerpo humano necesita ciertos nutrientes para hacer todo lo que está diseñado para hacer. Intentar vivir sin comer una selección diversa de alimentos nutritivos es como conducir tu coche sin poner gasolina en el tanque. La lógica dicta que eventualmente quedarás varado al lado de la carretera.

Debes aceptar que tu cuerpo necesita ciertas cosas si quieres vivir una vida saludable y productiva. Así como la aceptación de la realidad es un requisito esencial que debe venir antes de la acción racional, una buena dieta debe venir antes de una vida saludable. No puedes tener una sin la otra.

Mientras que el estoicismo se centra en lo que los seres humanos pueden lograr cuando dominan el control de sus mentes, no es una especie de misticismo que crea que la mente está desconectada de alguna manera del cuerpo. Una mente sana puede ayudar a mejorar la condición de tu cuerpo, pero lo mismo ocurre a la inversa. Si no cuidas de tu cuerpo, entonces la condición de tu mente se deteriorará.

Cortando el desorden y encontrando control

Los avances modernos en los ámbitos de la ciencia, la tecnología y la medicina han mejorado nuestra calidad de vida de muchas maneras. Pero, además de los muchos aspectos positivos que disfrutamos, vienen muchos inconvenientes.

Por todos los lujos materiales que disfrutamos, muchas personas modernas se sienten sofocadas. Pasan por la vida en un mundo que es ajustado, abarrotado y lejos del aire limpio y fresco que nuestros antepasados una vez disfrutaron. Experimentamos el mundo a distancia, mirando simulaciones y recreaciones en lugar de experimentar las cosas de primera mano.

La vida no tiene que ser así. No tienes que dejarte llevar por las multitudes y ser arrastrado hacia un futuro del que no quieres formar parte. El poder para hacer un cambio y trazar tu propio camino está dentro de ti. Todo lo que necesitas hacer es aprovecharlo.

Lo que la aceptación no significa

Mientras estamos en el tema de la aceptación, es importante entender sus limitaciones. La aceptación estoica simplemente significa aceptar el mundo tal como es en el momento presente. No significa que tengas que amar el mundo tal como es o someterte a todo lo que hay en él.

Puede haber contaminación en el río cerca de tu casa. El estoicismo dice que debes aceptar que el agua está contaminada. ¿Eso significa que debes bajar al río y tomar un trago? ¡No! El estoicismo trata sobre la acción racional; nunca te pedirá que hagas algo tan irracional y autodestructivo.

Para una comprensión más profunda de este concepto, veamos una gran cita de Marco Aurelio:

> Un pepino es amargo. Tíralo. Hay espinas en el camino. Aparta de ellas. Esto es suficiente. No añadas: ¿Y por qué se pusieron tales cosas en el mundo? Te ridiculizará un hombre que está familiarizado con la naturaleza, así como te ridiculizaría un carpintero y un zapatero si te quejaras porque encontraste virutas y recortes en su taller de las cosas que hacen.

Lo que Aurelius está señalando aquí es que demasiadas personas desperdician su energía protestando contra cosas que no pueden cambiar. Cuando puedes tomar acciones simples para evitar lidiar con problemas, entonces deberías tomar esas acciones y seguir con tu vida. Cuando debes soportar frustraciones, entonces deberías soportarlas en silencio y luego seguir con tu vida. Quejarse interminablemente sobre circunstancias que están fuera de tu control solo suma a tu sufrimiento, no hace el mundo más placentero.

Esta cita también nos recuerda que el estoicismo no siempre se trata de soportar cualquier cosa desagradable que se presente en tu camino. Si no quieres comer un pepino, entonces no tienes que comerlo. Si un cierto dolor es difícil de atravesar, puedes encontrar una ruta diferente. Ser estoico significa que soportarás cosas desagradables cuando sea necesario, no significa que tengas que buscar o someterte a cada cosa negativa bajo el sol.

El estoicismo se trata de encontrar la paz a través de la aceptación. Se trata de cesar la lucha interminable contra las personas y cosas que están más allá de nuestro control. El Sabio Estoico trasciende las luchas de la realidad cotidiana al aceptarla tal como es, con un corazón y una mente tan abiertos que pierde el poder de influir en los pensamientos del Sabio de cualquier manera.

Cambiando lo que puedes y aceptando lo que no puedes

Cuando los estoicos hablan sobre la naturaleza, están considerando los rasgos fundamentales que hacen que algo sea lo que es. Esto se refleja en la forma en que hablamos sobre el mundo natural que existe más allá de la civilización humana. Los pájaros, los árboles y la hierba existieron antes de que los humanos inventaran el fuego, y reclamarán la Tierra si la humanidad alguna vez se extingue.

Las creaciones de la humanidad pueden ser

maravillosas, pero no deberíamos perdernos tanto en nosotros mismos que pensemos que solo porque podemos sobrevivir sin algo significa que podemos llevar vidas saludables sin ello. En todo el mundo, las personas disfrutan de las últimas comodidades, mientras se marchitan lentamente debido a la falta de recursos naturales básicos.

No tienes que convertirte en un revolucionario para mejorar tu calidad de vida. Es posible aceptar muchos de los cambios de la vida moderna sin abandonar las cosas básicas que siempre han hecho posible una vida humana saludable.

Todo estoico debe practicar la aceptación, pero eso no significa que no deban actuar. A veces, necesitas aceptar que tienes necesidades que no se están cumpliendo, y luego actuar en función de esas necesidades.

Entonces, ahora es el momento de preguntarte, ¿estás viviendo en armonía con tu naturaleza básica?

Conclusiones Prácticas

En este mundo moderno, demasiadas personas están viviendo en desincronía con sus necesidades naturales.

Saca un trozo de papel y un utensilio de escritura. Ahora escribe todas las cosas que crees que los humanos han necesitado para vivir vidas saludables a lo largo de la historia de la humanidad.

Una vez que tengas una lista, revisa la lista y considera

en qué áreas tu propia vida podría estar deficiente. Enróllalas y luego haz una lluvia de ideas sobre cómo podrías abordar estas preocupaciones.

El estoicismo pone un gran énfasis en el pensamiento, pero los estoicos siempre han entendido que los humanos somos más que solo nuestros cerebros. Los pensamientos saludables tienen más probabilidades de surgir de cuerpos saludables. Así que comienza a tomar cualquier medida que puedas para cuidarte.

Capítulo 8: Estoicismo y Psicología

Las cosas en las que piensas determinan la calidad de tu mente.

—Marco Aurelio

Desde su creación, el estoicismo ha buscado explicar cómo funciona la mente humana y cómo puede ser remodelada en nuestra búsqueda por vivir vidas virtuosas. Cuando el estoicismo surgió por primera vez en la antigua Grecia, eran los filósofos quienes estaban mejor equipados para profundizar en las preguntas relacionadas con la mente humana y los pensamientos y sentimientos que la rodean.

Pero han pasado dos mil años desde el nacimiento de la filosofía y mucho ha cambiado. Mientras los filósofos siguen trabajando arduamente para entender la naturaleza de la conciencia humana, ha habido un cambio importante que ha reescrito el papel de la filosofía. La filosofía ya no es la forma principal en que entendemos la mente humana, ahora nuestra comprensión fundamental proviene del estudio científico de nuestros cerebros y patrones de pensamiento.

Campos de estudio como la psicología, la biología y la neurología han reformulado la manera en que pensamos sobre el pensamiento. ¡Pero esto no significa que la filosofía esté fuera del juego! Sigue leyendo para descubrir cómo los estoicos modernos enfrentan las últimas revelaciones producidas por los científicos que han desbloqueado los secretos de la mente humana.

La Filosofía Antigua se Encuentra con la Ciencia Moderna

El cerebro humano es una cosa increíblemente compleja. Desde la llegada del método científico, hemos llegado a entender muchas cosas sobre cómo funciona el cerebro, pero cada pregunta que hemos respondido ha planteado muchas otras.

Aun así, podemos decir ciertas cosas sobre el cerebro humano que los antiguos estoicos no podían. Los antiguos griegos eran increíblemente inteligentes y comprendían más de lo que muchos individuos modernos les dan crédito. Sin embargo, no tenían forma de saber cómo funcionaba la mente. Como tal, muchos filósofos tenían creencias sobre el pensamiento humano que podrían chocar con la ciencia moderna.

Una área de contención es la cuestión del "libre

albedrío." Los filósofos han argumentado durante mucho tiempo que los humanos pueden lograr un control total sobre su mente simplemente por la fuerza del pensamiento. La idea era que había una mente o espíritu inmaterial que reinaba sobre el cuerpo físico, operándolo fuera de la cadena normal de causa y efecto que gobierna la mayor parte del reino físico.

Esta creencia tiene sentido intuitivo. La mayoría de las personas sienten que tienen el control absoluto. Pero siglos de estudios científicos nos han mostrado un lado diferente del pensamiento humano.

La Importancia de la Química Cerebral

Una de las preguntas más desconcertantes que los humanos han tenido que hacerse es cómo los pensamientos que pensamos y las emociones que sentimos están conectados a nuestros cuerpos físicos. Hubo un tiempo en que la gente creía que los pensamientos eran completamente inmateriales, totalmente desconectados de nuestras formas físicas. Pero a medida que hemos podido observar más de cerca el cerebro humano, hemos sido testigos de conexiones sorprendentes.

Por un lado, parece que las alteraciones en el cerebro pueden afectar la forma en que las personas piensan y sienten. Uno de los ejemplos más convincentes del impacto que la fisiología cerebral tiene en la elección y la personalidad humanas es el caso de Phineas Gage.

Gage era un trabajador de construcción de ferrocarriles en el siglo XIX. Según todos los informes, era un individuo educado y agradable hasta el día en que una explosión lanzó una varilla de hierro por el aire y le impactó en la cabeza. Según todos los informes, el accidente debería haber sido mortal, pero Gage fue milagrosamente capaz de sobrevivir con el gran trozo de metal atascado en su cerebro (O'Driscoll).

Pero mientras el cuerpo de Gage sobrevivió al accidente, muchos de los que estaban cerca de él sintieron que el Gage que conocían murió en el accidente. Phineas sufrió un cambio rápido en su personalidad. El hombre que una vez fue amigable se volvió vulgar y grosero. El daño en su cerebro pareció convertirlo en una persona completamente diferente, y de repente la gente comenzó a pensar de manera diferente sobre el vínculo entre la fisiología y la identidad.

Si bien estudios adicionales han demostrado que algunas de las afirmaciones más grandiosas sobre la transformación de Gage fueron exageradas, su historia es solo un ejemplo de muchos en los que los cambios en la composición cerebral han llevado a cambios notables en el pensamiento, la toma de decisiones y la personalidad.

Tales revelaciones científicas recientes han llevado a los estoicos modernos a replantearse algunas de las creencias antiguas sobre el pensamiento humano. Los estoicos antiguos creían que cualquier persona podía lograr un control total sobre su cerebro si seguía al pie de la letra las prescripciones estoicas. Hoy en día, las personas son más escépticas respecto a esta proposición, entendiendo que cada individuo tiene una composición cerebral única que podría predisponerlo en ciertas direcciones.

Esto significa que algunas personas pueden encontrar que el enfoque estoico les resulta fácil, mientras que otras tendrán una dificultad especialmente grande al intentar luchar con sus disposiciones naturales. Esto requiere una cuidadosa reexaminación del pensamiento estoico, pero no ataca el núcleo del estoicismo. Quizás no todos puedan convertirse en un Sabio, pero eso no significa que las personas no puedan buscar progresar desde donde están.

Un Cambio en el Pensamiento

Una forma en que la neurociencia moderna apoya el sistema estoico es la complejidad que ha revelado dentro de la mente humana. Las viejas creencias que sugerían que las mentes humanas eran relativamente simples y fáciles de controlar han sido reemplazadas por una comprensión más matizada de todo lo que se suma para crear la conciencia humana.

Algunas personas creen que las revelaciones modernas sobre la compleja red de factores que influyen en nuestra toma de decisiones deshumanizan. Esto es comprensible, cuando se te enseña a creer que tienes el control total de cada pensamiento y acción, puede ser perturbador darse cuenta de que hay tantas cosas que moldean nuestras elecciones sin nuestro conocimiento consciente. Pero, ¿es esto deshumanizante?

Propondría que esta información implica revelar una nueva capa de lo que significa ser humano. El hecho de que no reconocimos nuestra plena complejidad en el pasado no significa que hayamos sido alguna vez criaturas simples que tenían control total. Siempre hemos tenido mentes complejas y contradictorias, y la ciencia ahora nos permite comprender las razones detrás de las luchas que han estado sucediendo desde los tiempos de los antiguos estoicos y hasta los albores de la humanidad.

Finalmente, el estoicismo nos recuerda a todos los peligros de reaccionar negativamente a la realidad. Puede que no te guste el mundo, pero tus preferencias no reescribirán la realidad. Pretender que la química cerebral no existe no te dará un mayor control sobre tus pensamientos y acciones. Por el contrario, si no estás dispuesto a enfrentar los factores demasiado reales que moldean tu pensamiento, en realidad te estás atando las manos detrás de la espalda, limitando nuestras opciones en una época en la que, como humanos, se nos está dando la oportunidad de tomar las riendas de nuestro futuro.

Terapia Cognitivo-Conductual

Una área donde el estoicismo antiguo y la ciencia moderna están en notable alineación es la práctica de la Terapia Cognitivo-Conductual, o TCC.

CBT es un enfoque terapéutico que busca ayudar a las personas al cambiar sus patrones de pensamiento. La idea es que los pensamientos que tenemos, las emociones que sentimos y la forma en que nos sentimos están interconectados, y que los cambios realizados en un eslabón de esta cadena pueden cambiar drásticamente todo el sistema.

Muchas personas terminan en una espiral descendente viciosa porque crean bucles de retroalimentación negativa. Piensan pensamientos negativos, lo que les lleva a sentir emociones negativas, lo que conduce a acciones destructivas. A medida que la persona enfrenta las consecuencias de sus malas decisiones, su autoimagen negativa se refuerza y el ciclo comienza de nuevo, solo que esta vez todo es aún más vicioso de lo que era antes.

Este tipo de comportamiento es demasiado común, y cualquiera que haya experimentado una espiral descendente puede entender cuán desesperada puede parecer la situación. Pero la TCC y el Estoicismo ofrecen ambos una salida de este ciclo.

Ves, tanto la TCC como el Estoicismo proponen que un cambio holístico puede ser logrado si los individuos pueden tomar control de sus pensamientos. De repente, la espiral se invierte, ya que los pensamientos positivos elevan la emoción y la acción y contrarrestan la antigua negatividad.

Este es solo el comienzo de las similitudes. El estoicismo y la TCC comparten una perspectiva similar, un énfasis compartido en la acción y la priorización del pensamiento claro y racional. Al estudiar los paralelismos entre la filosofía y la terapia, puedes ver cómo las ideas antiguas están llevando a resultados sólidos en el mundo de la ciencia moderna.

La Importancia de la Acción

El estoicismo es una filosofía centrada en la acción y la TCC es un enfoque centrado en la acción para la terapia. Ambos creen que para provocar un cambio real es necesario que provenga del interior de la persona que desea crecer. Además, el cambio no vendrá solo de aprender. La sabiduría es importante, pero nadie internaliza la información que aprende hasta que la pone en práctica.

Aunque tanto el estoicismo como la TCC comienzan con cambios en la forma en que la gente piensa, la prueba definitiva del cambio se ve en la forma en que actúan. Las personas siempre son rápidas en decir que han aprendido su lección, pero luego, cuando se les pide que pongan en práctica su nuevo conocimiento, se desmoronan. Los estoicos entendieron que aprender es un proceso que lleva tiempo. Ya sea que estés en terapia por un trastorno psicológico o simplemente buscando ganar más control sobre tu vida, hasta que los cambios comiencen a manifestarse en tus acciones, no verás el impacto completo de lo que has aprendido.

La Importancia del Pensamiento Claro

Otro vínculo entre la TCC y el Estoicismo es el énfasis en el pensamiento claro y cuidadoso. Todo tipo de problemas pueden surgir cuando no ves el mundo como es. Incluso las personas que están bendecidas con una mente libre de trastornos o problemas similares aún pueden desarrollar una visión distorsionada del mundo por muchas razones. La situación es más pronunciada cuando surgen problemas dentro de la composición física del cerebro. Pero no importa cuán profundo sea el problema, la TCC ha demostrado que se pueden tomar medidas para corregir patrones de pensamiento.

Por supuesto, algunas personas tendrán mayores dificultades para lograr un pensamiento claro que otras. Esta es una área donde la ciencia moderna corrige a algunos de los pensadores antiguos. En tiempos pasados, la gente culpaba a las personas con trastornos mentales por sus problemas. Pensaban que si tales individuos trabajaban más duro, serían como todos los demás. La ciencia nos ha demostrado que este no es el caso.

La delicada química cerebral dentro de cada uno de nosotros puede fallar fácilmente. Por eso, casi todos confesarán que están luchando con sus propios problemas si logras que se abran. Algunos de estos problemas son más severos que otros, pero todos podríamos usar ayuda para liberarnos de nuestras trampas mentales y ver con más claridad. El estoicismo describió esto hace todos esos años, y hoy la TCC ofrece a las personas un camino concreto hacia un pensamiento más claro.

Combinando Terapia y Filosofía

Los seres humanos son criaturas complejas. Rara vez estamos satisfechos con soluciones unidimensionales. Tenemos hambre de razón y emoción. Por eso, la combinación de la TCC y el estoicismo puede ser una combinación poderosa.

Muchas personas pueden apreciar la ciencia de la TCC y el pedigree intelectual que prácticamente cualquier

practicante aporta. Pero las personas pueden seguir
deseando más. La mayoría de las personas anhela ser
parte de algo más grande que ellos mismos, algo que
pueda ayudarles a conectarse con una gran tradición.
Esta es una de las razones por las que la creencia
religiosa y el patriotismo son fuerzas tan poderosas,
ya que unen a las personas como parte de una
tradición que se remonta al pasado.

El estoicismo es un sistema de creencias secular que
puede ofrecer a las personas la historia y la belleza
que anhelan. Es una filosofía de dos mil años que está
respaldada por algunos de los escritos más bellos y
conmovedores jamás producidos por la filosofía
occidental. Combina el intelectualismo y el
romanticismo en un paquete que sigue atrayendo a las
personas miles de años después de que su fundador
falleciera.

Cuando el poder emocional del estoicismo se combina
con el atractivo científico de la TCC, pueden ocurrir
cosas maravillosas. Pero más allá del nivel práctico,
también sirve como un recordatorio de lo asombrosos
que eran esos estoicos originales. A pesar de todos los
avances en el conocimiento que han ocurrido desde
los días de la antigua Grecia, seguimos utilizando su
sabiduría para iluminar nuestro camino hacia
adelante.

Trabajando con la Química Única de Tu Cerebro

Los antiguos estoicos tenían cierto entendimiento de

la variedad que existía entre los seres humanos, pero no podían haber conocido la naturaleza profundamente arraigada de estas diferencias. La idea de que podríamos tener un software bioquímico como el ADN guiando nuestras acciones o reacciones electroquímicas complejas en nuestro cerebro moldeando nuestros pensamientos estaba muy lejos de su capacidad para descubrir.

Esto no significa que los aprendices modernos necesiten desechar el trabajo de los antiguos. Un estudio cuidadoso de las obras fundamentales del estoicismo revela que, aunque los escritores pueden no haber sabido lo que ahora sabemos sobre la composición física de la mente humana, aún produjeron ideas y teorías que se alinean de manera notable con los últimos avances científicos.

En 2015, un consejero llamado Ian Guthrie llevó a sus pacientes a través de una discusión sobre las Meditaciones de Marco Aurelio. Descubrió que, aunque sus pacientes estaban "seria y persistentemente enfermos mentales", sus pacientes se beneficiaron de una discusión guiada sobre el tema. (Guthrie 2015)

Esto demuestra que todo tipo de personas puede beneficiarse del estudio y la práctica del estoicismo. Puedes sentir que te pueden estar limitando las circunstancias de tu nacimiento o las situaciones negativas que has experimentado a lo largo de tu vida, pero nada de esto significa que no puedas obtener una mayor comprensión de ti mismo y un mayor control sobre tu mente a través del estudio del estoicismo. Ciertamente, algunas personas son más privilegiadas que otras, pero todos pueden ganar si se comprometen a seguir la sabiduría transmitida por los antiguos estoicos.

Una Palabra de Precaución

En este punto, vale la pena reiterar que este no es un libro médico. Mientras que algunas personas informan que practicar comportamientos y pensamientos estoicos ha mejorado su calidad de vida, eso no significa que esta filosofía o cualquier otra sea un sustituto del tratamiento médico. Si tienes problemas de salud física o mental, entonces tu primera prioridad debe ser ver a un profesional médico capacitado que pueda ayudarte a controlar tu situación.

Mientras que los estoicos modernos no se ponen de acuerdo en muchas cosas, una área donde hay un amplio consenso es que el verdadero estoicismo debe estar en línea con los últimos descubrimientos científicos. Los antiguos estoicos fueron capaces de desarrollar muchas ideas increíbles sobre la naturaleza de la mente humana mucho antes de la creación del método científico moderno, pero eso no es razón para dar más importancia a sus palabras que a los últimos descubrimientos de científicos y profesionales médicos.

Ciencia y Estoicismo: Trabajando Juntos

El estoicismo se trata de mejorar tu mente, y todos podemos estar agradecidos de que la ciencia nos ha dado increíbles conocimientos sobre cómo funciona la mente, cómo puede fallar y cómo podemos mejorarla a través de una amplia gama de enfoques. La terapia, la medicación, el ejercicio y muchas otras opciones pueden ser utilizadas para mejorar tu salud mental y permitirte tomar el control de tu vida.

Nunca deberías sentir que tienes que elegir entre el estoicismo y los tratamientos propuestos por profesionales médicos capacitados. Los estoicos modernos son abrumadoramente pro-ciencia y están constantemente trabajando para integrar los últimos descubrimientos en su comprensión del estoicismo. Cuando la ciencia y la filosofía trabajan juntas, pueden suceder cosas increíbles; nunca sientas que tienes que elegir entre uno u otro en tu búsqueda de una vida más feliz y saludable.

Conclusión Práctica

El pensamiento es una de esas cosas que viene tan naturalmente que simplemente la damos por sentada. Pero si quieres tomar el control de tus pensamientos, entonces es útil tomarte un tiempo para examinar cómo piensas.

Para este ejercicio necesitarás encontrar un lugar tranquilo y pacífico.

Una vez que tengas un área para ti y unos minutos de sobra, puedes usar la meditación para examinar el funcionamiento interno de tu mente.

Cierra los ojos, respira lentamente y cuenta hacia atrás despacio desde diez con cada exhalación. Una vez que llegues a uno, simplemente sigue repitiendo ese número. Esto ayudará a silenciar tu monólogo interior consciente.

Tómate el tiempo para estar en el momento y observa cómo reacciona tu mente. Mira cómo los pensamientos entran en tu mente. Siente cómo reacciona tu cuerpo ante la paz y la tranquilidad.

Muchos de nosotros pasamos nuestros días con pensamientos corriendo constantemente por nuestra mente, pero nunca examinamos realmente cómo llegan estos pensamientos a nosotros. Este tipo de meditación no solo es una buena manera de calmarse y tomar un descanso del caos de la vida moderna, sino que también te dará una comprensión más profunda de cómo funciona tu mente.

Capítulo 9: Aceptar lo Inaceptable

No importa lo que soportes, sino cómo lo soportas.

—Séneca

A lo largo de este libro hemos examinado los principios más fundamentales del estoicismo y cómo puedes utilizar estos principios para navegar por los altibajos de tu vida diaria. Pero, ¿qué sucede cuando enfrentas luchas que van más allá de lo ordinario?

Nadie en esta tierra puede vivir una vida libre de tragedia. Por eso, cualquier filosofía debe enfrentarse a las verdaderas profundidades del sufrimiento humano. Cualquiera puede idear una forma de dar sentido a una vida fácil; se necesita una verdadera sabiduría para encontrar un camino a seguir cuando el sufrimiento se vuelve tan profundo que sentimos que estamos abocados a la desesperación.

Enfrentando el dolor y el sufrimiento

A lo largo de este libro hemos llegado una y otra vez a las diferentes maneras en que los estoicos manejaron el dolor, la decepción y otras formas de sufrimiento. Pero hasta ahora, principalmente hemos mirado el tipo de problemas que nos causan molestias pero no nos sacuden hasta los huesos.

¿Qué sucede cuando un estoico siente el tipo de dolor que podría destruir a una persona?

Es una cosa buscar oportunidades en los pequeños contratiempos que sufrimos cada día, pero ¿qué hay de las verdaderas instancias de tragedia? A veces puede parecer que nuestras filosofías se desmoronan cuando enfrentamos el sufrimiento a gran escala. Cuando el dolor nos desgarra y parece que nadie más ha sufrido tanto, toda la sabiduría del mundo puede sonar vacía.

No Estás Solo

Lo primero que hay que entender es que, no importa por lo que estés pasando, no eres la primera persona en sufrir como lo haces. Tu situación puede ser única, pero el dolor y el sufrimiento son tan antiguos como la humanidad.

Por eso buscamos la sabiduría de los ancianos en estos asuntos. Todo se siente nuevo cuando lo estamos experimentando nosotros mismos, pero la verdad es que las mismas emociones se han repetido una y otra vez durante innumerables generaciones. Una de las cosas que une a la humanidad es nuestro sufrimiento compartido.

Lo siguiente que hay que entender es que, aunque algunas formas de dolor pueden sentirse tan extraordinarias que el consejo normal no es válido, la realidad es que estas son las situaciones en las que es absolutamente crucial aferrarnos a toda la sabiduría que tenemos. Cuando la primera ola de dolor te golpea, puede parecer que nunca podrás recuperarte, pero el hecho de que te sientas así no lo hace cierto. Aún puedes practicar el estoicismo y negarte a obsesionarte con lo que has experimentado. Puede que necesites cada gramo de fuerza que puedas sacar de cada fibra de tu ser, pero si lo logras, entonces puedes detener la hemorragia y evitar que la situación empeore más de lo que debería.

Este tipo de dolor y sufrimiento es la razón por la que es tan valioso practicar el estoicismo en todo lo que haces. No quieres tener que aprender el arte de la aceptación mientras enfrentas algo que parece evidentemente inaceptable. Necesitas comenzar poco a poco y crear un hábito de aceptación que pueda crecer con el tiempo hasta que un día te lleve a través de momentos de dolor y conflicto.

Nunca es demasiado temprano para prepararse para el dolor

Si estás pasando por un período relativamente positivo en tu vida, puede que sientas que puedes pasar por alto todo esto. Cuando la vida va bien, la mente humana tiene la manera de asumir que las cosas continuarán yendo bien para siempre. Pero el hecho es que toda vida tiene altibajos. Todos experimentan momentos buenos y malos. Si estás experimentando un buen período en este momento, entonces una de las mejores cosas que puedes hacer es prepararte para cuando tu fortuna cambie.

"En tiempos de seguridad, el espíritu debe prepararse para los tiempos difíciles; mientras la fortuna le otorga favores, es entonces cuando debe fortalecerse contra sus reveses." -Seneca

Nadie disfruta de la desgracia. Pero aquellos que están acostumbrados a la desgracia están mucho mejor preparados para manejarla que aquellos que nunca la han experimentado. Por eso, las personas nacidas en la pobreza no son tan propensas a ser destruidas por ella como aquellos que nacieron en la riqueza y luego fueron derribados por el destino.

La buena noticia es que en realidad no tienes que infligirte daño para prepararte para el dolor que podría venir en el futuro. Puedes comenzar a prepararte a través de la práctica estoica de la visualización. Imagínate que las cosas van mal. Pero no te detengas ahí. Imagina qué podrías hacer si tu suerte cambiara. Piensa en cómo podrías convertir la adversidad en oportunidad.

Ves, si solo visualizas el dolor, es probable que solo te deprimas. Pero si superas el dolor, puedes recordar la verdad esencial del estoicismo, que cada momento es una oportunidad para desarrollar tu virtud.

Esto puede que no redima el sufrimiento a tus ojos ni explique por qué tienes que pasarlo. Pero el estoicismo no se trata de explicar por qué suceden las cosas. Los estoicos no preguntan por qué el destino nos reparte las cartas que nos reparte; los estoicos simplemente aceptan lo que se les da y hacen lo mejor de la situación.

Procesando el duelo

De todos los tipos de dolor que la humanidad está obligada a soportar, ninguno es más temible que el duelo. El duelo es el dragón que derriba incluso los corazones más poderosos.

Es difícil poner en palabras la enormidad del dolor, pero eso no significa que esté más allá de ti. El dolor es algo que casi nadie puede comprender, y sin embargo, todos deben aprender a enfrentarlo en algún momento de su vida.

Incluso si no puedes imaginar cómo el estoicismo puede ayudarte a lidiar con el dolor, debes confiar en que puede. Tienes el poder dentro de ti, y si puedes practicar la sabiduría del Sabio, puedes superar cualquier obstáculo.

Para obtener instrucciones sobre cómo manejar el duelo, podemos mirar a Séneca.

"La naturaleza exige de nosotros cierta tristeza, mientras que más que esto es el resultado de la vanidad. Pero nunca te exigiré que no llores en absoluto. … Deja que fluyan tus lágrimas, pero también que cesen, que los suspiros más profundos salgan de tu pecho, pero que también encuentren un final."

Lo primero que hay que recordar es que un estoico no es alguien que no siente dolor. Si sientes dolor tras una gran pérdida, no significa que no seas un estoico, simplemente significa que eres humano.

Lo que separa a los estoicos de los demás es cómo procesan el dolor.

No importa cuán mal se sienta el dolor, necesitas practicar el arte estoico del pensamiento claro y racional. Debes ser capaz de dar un paso atrás y darte cuenta de que, incluso si sientes que el dolor durará para siempre, la realidad es que todo en esta vida es impermanente. Esto también pasará.

Puede parecer que el dolor nunca se irá, pero la verdad es que se atenuará con el tiempo. Puede que nunca desaparezca por completo, pero no siempre amenazará con devorarte por completo. Esto es lo que debes recordar y en lo que debes hallar consuelo.

Finalmente, recuerda que el estoicismo enseña que podemos luchar por el control de nuestras emociones y redirigirlas. Puedes tomar las emociones negativas y moverlas en una dirección más saludable. Puedes pasar tus días lamentándote por el dolor que sientes después de perder a alguien, o puedes pensar en lo afortunado que eres de haber podido experimentar la vida con ellos mientras estaban contigo.

Nunca hay una sola cosa que debamos sentir. Siempre tenemos una elección que podemos hacer. Abarcar el dolor es algo que tienes que elegir. También puedes elegir levantarte de tu tristeza y avanzar hacia algo más constructivo. No es fácil y no sucede rápidamente, pero cuanto antes empieces a moverte, antes alcanzarás tu destino.

Luchando con Grandes Preguntas

Una vez más, en esta etapa vale la pena reconocer las limitaciones del Estoicismo. Si bien el Estoicismo tiene respuestas a muchas de las preguntas apremiantes de la vida, hay otras áreas donde las cosas quedan abiertas a la interpretación.

¿Cuál es el significado último de la vida? ¿Hay un Dios? ¿Sucede algo con nosotros después de morir?

Estas son todas preguntas profundas, significativas y muy personales de las que el estoicismo moderno se aleja.

Algunos de ustedes pueden sentir que esto es una excusa, pero la verdad es que proviene de un lugar de humildad intelectual. Hay estoicos modernos que pertenecen a cada sistema de creencias imaginable, religioso o no. Cada uno encuentra una manera de unir el pensamiento estoico con sus convicciones personales para que puedan darle sentido al mundo que los rodea y sobrellevar los altibajos de cada día.

Al final, el estoicismo no se trata de responder a cada pregunta. Se trata de cómo te abres camino en la vida.

Las preguntas que van más allá de esto también están fuera del alcance de este libro.

Dejando Ir

Lo único que el estoicismo nos dice claramente en este ámbito es que la aceptación es clave. Esta es una de esas áreas donde la aceptación es increíblemente difícil, pero por eso es tan importante. Nadie quiere aceptar o reconocer la pérdida, pero es un paso que debe tomarse antes de que el proceso de sanación pueda comenzar.

Nada en el estoicismo puede quitar el dolor de la tristeza, pero si practicas la aceptación estoica, puedes encontrar que estás mejor preparado para aceptar incluso las verdades más agonizantes cuando llegue el momento. La aceptación es como cualquier otra habilidad, la práctica hace al maestro. Cuanto antes comiences a enfrentar la realidad en toda su fealdad y gloria, mejor preparado estarás para los peores golpes que la vida pueda lanzarte.

El dolor de la pérdida permanecerá mientras lo mantengas. El estoicismo nos enseña que todo dolor se puede eliminar si nos permitimos soltarlo. Nunca es fácil, pero es lo correcto. Hasta que no sueltes, no podrás avanzar.

Interactuando con otros

Si te comprometes plenamente a practicar el estoicismo, serás testigo de cómo ciertas transformaciones tienen lugar en tu vida. Con el tiempo, tu forma de ver el mundo cambiará, así como la manera en que piensas y sientes. A medida que pasa el tiempo y internalizas más y más el pensamiento estoico, puedes encontrar que los demás te miran de manera diferente, con algunos conocidos preguntándose si eres la misma persona que una vez conocieron.

Una cosa que los estoicos comprometidos se dan cuenta es que puede parecer que hay una brecha entre ellos y la persona promedio, una brecha que se amplía con el tiempo. La verdad es que la mayoría de las personas no son estoicos. A pesar de que la sabiduría estoica podría beneficiar a todos, la mayoría de las personas nunca abrazará esta filosofía.

Con esto en mente, vale la pena considerar cómo deben actuar los estoicos alrededor de los no estoicos. Si deseas vivir una vida productiva y placentera, necesitas pensar cuidadosamente y actuar de manera reflexiva.

Viviendo en un mundo lleno de no estoicos

El estoicismo se trata de aceptación, y una cosa que todo estoico necesita aceptar es que no todo el mundo comparte sus creencias. Tal vez el mundo sería un lugar mejor si todos fueran estoicos, pero es probable que dicho mundo nunca llegue a existir.

Esto significa que, como estoico, debes entender que no todos pensarán como tú o compartirán tus valores.

Por ejemplo, tu lema personal podría ser "memento

mori" y podrías encontrar que recordatorios constantes de tu propia mortalidad son una buena manera de fomentar la productividad y una vida significativa. Esto no significa que aquellos a tu alrededor aprecien ser recordados de que algún día van a morir.

Siempre que alguien es introducido a un nuevo sistema de creencias que les habla de una manera profunda y significativa, su primer impulso suele ser compartir su nueva sabiduría con todos los que pueden. Este es un impulso natural y comprensible, pero también puede ser peligroso.

Empatía Estoica

Una forma en que el estoicismo puede ayudarte a lidiar con quienes te rodean es la empatía que puede ayudarte a desarrollar. Una vez que te comprometas seriamente a trabajar para abordar tus propias deficiencias y debilidades, podrás apreciar las luchas por las que están pasando otras personas. Ahondar en tu interior revelará las causas raíz del mal comportamiento, y una vez que entiendas esto en ti mismo, podrás verlo en los demás.

De repente, podrás observar cómo alguien te insulta o te interrumpe sin que te ofendas como solías hacerlo. Esto se debe a que entiendes que este tipo de comportamiento no suele ser sobre ti, es un reflejo de las luchas internas que la otra persona está enfrentando.

Finalmente, cuanto más practiques el estoicismo,

mejor preparado estarás para mantener la calma frente a las circunstancias negativas.

Practicando la Humildad Estoica

Quiero que consideres una vez más la idea de que deberíamos aceptar el destino. El estoicismo nos invita a aceptar el destino porque tanto en esta vida está más allá de nuestro control. Luego pasamos de la aceptación del destino a centrarnos en tomar el control de nuestros pensamientos, emociones y acciones.

Pero, ¿y si pensamos más en el destino? Considera cuánto hay que está más allá de tu control. El universo es un lugar gigante y solo tienes control sobre tu cuerpo y algunas de las cosas con las que entra en contacto.

Entendido correctamente, el estoicismo es increíblemente humillante. Incluso un gran emperador como Marco Aurelio llegó a comprender sus limitaciones a través del estoicismo. Otros emperadores se veían a sí mismos como deidades, pero Marco entendió que en realidad no era diferente de ningún otro hombre.

El estoico entiende que nuestro control es extremadamente limitado, pero todavía somos increíblemente afortunados de estar bendecidos con lo que tenemos. La vida puede estar llena de luchas, pero también es demasiado breve. Por eso debemos aprovechar al máximo cada momento que tenemos en este planeta.

Conclusión Práctica

Toda la vida es temporal. Este es un hecho doloroso de la vida. Aún así, es una de las cosas que hace que la vida sea tan preciosa. El hecho de que los más cercanos a nosotros no estarán con nosotros para siempre debería recordarnos que apreciemos nuestro tiempo con ellos mientras estén aquí.

Saca un trozo de papel y un utensilio de escritura. Piensa en alguien que te importa. Date cuenta de que no estarán contigo para siempre.

Ahora escribe un mensaje para ellos. Hazles saber cuánto significan para ti.

Puedes entregarles la carta, decirles el mensaje de tu propia boca, o mantener el mensaje en privado. La elección es solo tuya.

Algunas prácticas estoicas pueden parecer mórbidas a primera vista, pero si las entiendes en su contexto apropiado verás que son afirmativas de la vida. Muchas palabras quedan sin decir porque la gente opera bajo la suposición de que siempre habrá un nuevo día, otra oportunidad para encontrarse. La verdad es que la vida pasa volando, así que necesitas aprovechar cada oportunidad que se te presente.

No vivas en arrepentimiento, haz que las personas sepan cómo te sientes acerca de ellas antes de que sea demasiado tarde.

Capítulo 10: Estoicismo en Práctica

Mientras esperamos la vida, la vida pasa.

—Séneca

Entender las bases filosóficas puede ayudarte a reorientar tu forma de pensar, pero si quieres ver un cambio real en tu vida, entonces necesitas tomar acción práctica. La palabra acción aquí no tiene el mismo significado que en frases como "peli de acción", en su lugar se refiere a

Recuerda, el estoicismo no es solo una forma de pensar sobre la vida. El estoicismo es una forma de vivir la vida. Si pasas todo el día leyendo las grandes obras de la literatura estoica pero nunca pones en práctica nada de lo que has leído, entonces no estarás en mejor posición que alguien que nunca ha oído la palabra antes.

En este capítulo, veremos algunos de los pasos más prácticos que puedes tomar para desarrollar tus habilidades estoicas. Aprenderás a tomarte el tiempo para reflexionar, vivir con incomodidad y practicar el

avance continuo. Estos pasos pueden asegurarte que
logres resultados reales en tu viaje estoico.

Separando la Entrada y la Acción

Cada programa de computadora funciona a partir de una larga cadena de entradas y acciones. Un cálculo lleva a otro hasta que se logra un resultado. Cada vez que ejecutas un programa de computadora o abres una aplicación en tu teléfono, se ejecutan innumerables ecuaciones matemáticas para producir todo lo que ves desarrollarse en la pantalla frente a ti.

La mente humana a menudo se compara con una computadora, pero lo sorprendente es que poseemos la capacidad de reprogramar nuestro propio software. Al pensar cuidadosamente sobre cómo funciona nuestra mente, observar nuestra mente en acción y entrenarnos activamente, podemos usar nuestras mentes para transformar nuestras mentes.

Pero lo que realmente separa al hombre de la máquina es el valor del pensamiento rápido. Mientras que las reacciones rápidas son esenciales en la computación, si los humanos piensan demasiado rápido, pueden meterse en muchos problemas.

La sabiduría llega cuando puedes reflexionar sobre las cosas antes de actuar.

"Entre el estímulo y la respuesta, hay un espacio. En ese espacio está nuestro poder para elegir nuestra respuesta."

-Viktor Frankl

En nuestro estado natural, la brecha entre la entrada y la acción es casi inexistente. Cualquiera que haya criado a un niño sabe con qué frecuencia actúan sin ningún tipo de reflexión previa. Solo a través de la educación, la experiencia personal y el paso del tiempo las personas desarrollan la capacidad de pensar realmente en nuestras elecciones.

Pero no todos los pensamientos se desarrollan de la misma manera. La mayoría de las personas aprenden lo suficiente sobre la moderación para evitar ingerir productos de limpieza venenosos solo porque parecen caramelos. Pero, ¿cuántas personas llenan sin pensarlo sus cuerpos con alimentos que saben que los están envenenando de maneras más sutiles?

El hecho es que todos podrían distribuir el tiempo entre la entrada y la acción en sus vidas. Es valioso pensar en tu mente como un músculo. Si deseas poder sostener un peso pesado durante mucho tiempo, entonces necesitas practicar levantando pesos cada vez más pesados hasta que tus músculos se vuelvan lo suficientemente fuertes para la tarea en cuestión. Lo mismo ocurre con tus músculos mentales. Al practicar la paciencia, la moderación y la reflexión en cada oportunidad que tengas, puedes desarrollar esta capacidad.

Es importante recordar que, al igual que con el desarrollo de la fuerza física, puede llevar mucho tiempo desarrollar la fuerza mental. Es posible que tengas que trabajar durante años solo para comprarte unos pocos segundos entre la acción y la reacción. Aun así, cualquier atleta de clase mundial te dirá que a veces un segundo es la diferencia entre perder la carrera y romper un récord mundial. Nunca subestimes el poder de las pequeñas ventajas que puedes obtener sobre tu competencia.

También debes recordar que simplemente leer este libro no hará nada para convertirte en una persona más paciente y reflexiva, así como leer un libro sobre levantamiento de pesas no te hará una persona físicamente más fuerte. Si quieres ver resultados reales, entonces necesitas poner en práctica los principios de este libro.

Si puedes lograr realmente practicar la paciencia y poner más pensamiento en cada acción, entonces puedes alcanzar cosas increíbles. El mundo está lleno de personas que actúan sin pensar, cada parte de autocontrol que puedas reunir te ayudará a distinguirte de la multitud. Compruébalo por ti mismo.

Abrazando la incomodidad/Practicando la adversidad

Los seres humanos temen muchas cosas, pero uno de los impulsos más poderosos detrás de todo comportamiento humano es el miedo a la pérdida. Tememos profundamente perder lo que tenemos. A veces, este impulso produce resultados positivos, pero más a menudo de lo que pensamos, solo crea estrés y dolor sin prepararnos para la pérdida real.

Los estoicos entendieron esto. Vieron cuántas personas vivían vidas de miedo porque se habían acostumbrado a una cierta calidad de vida y no podían imaginar vivir si llegaran a perder su riqueza y privilegio.

Séneca fue uno de estos filósofos. Vio el miedo que dominaba a aquellos que lo rodeaban y lo reconoció en sí mismo. Como estoico, sabía que necesitaba encontrar una manera de enfrentar este problema. La solución que ideó fue impactante, pero innegablemente poderosa.

"Dedica un cierto número de días durante los cuales estarás contento con el alimento más escaso y económico, con vestimenta burda y áspera, diciéndote a ti mismo: '¿Es esta la condición que temía?'"

Palabras radicales. Palabras que son más fáciles de decir que de hacer. Pero, según el registro histórico, Séneca practicaba lo que predicaba. De vez en cuando dejaba atrás la seguridad y protección de su vida normal y salía a las calles para vivir como la clase baja romana pobre y sufriente.

Algunos pueden sentirse ofendidos por esta idea, llamándola "turismo de pobreza." Pueden, con toda razón, señalar que hay una gran diferencia entre dormir en la calle una noche sabiendo que tienes un hogar al cual regresar por la mañana y vivir con el dolor y la incertidumbre constantes de la falta de hogar crónica. Pero estos argumentos pasan por alto el punto.

Séneca no estaba tratando de sugerir que los pobres no tienen nada de qué quejarse ni de alardear sobre el hecho de que él puede hacer todo lo que podía hacer. Como estoico, no estaba interesado en demostrar nada a los demás, se centraba en cultivar su propia mente. Descubrió sus propios miedos respecto a la privación y decidió enfrentarlos de frente.

Seguir el estoicismo no significa que debas renunciar a todas tus comodidades mundanas y vivir una vida de pobreza y privación. El estoicismo se trata de reconocer que, por alguna razón, si te sumerges en una vida de pobreza y privación, podrías sobrevivir. Más allá de eso, se trata de cultivar tus virtudes personales para que incluso puedas prosperar en tales circunstancias extremas.

Cómo Practicar la Incomodidad

Tómate un minuto para pensar en las cosas en este mundo de las que no puedes vivir sin. Ahora reduce esa lista a cosas que quizás moralmente se te permita renunciar. No deberías abandonar a tu familia solo para intentar construir tu propio carácter.

Si eres como la mayoría de las personas, tendrás una lista de cosas que son agradables de tener pero que en última instancia son innecesarias. Teléfonos inteligentes, televisores, bebidas caras, ropa elegante, y así sucesivamente. Profundiza tanto como puedas, puede que te sorprenda descubrir cuántos lujos disfrutas como alguien que vive en el mundo moderno.

Ahora mira esa lista e imagina la vida sin cada elemento. Presta atención a cómo reacciona tu cuerpo. ¿Hay algo que tenga tal poder sobre ti que tu corazón comience a latir más rápido solo al pensar en un día sin ello? Cuanto más miedo tengas de vivir sin algo, más valioso sería intentar vivir sin ello.

Ya puedo decir que muchos de ustedes que están leyendo esto ya están poniendo excusas. Dirán que necesitan este dispositivo para su trabajo, o que si no se visten de la manera adecuada podrían perderse alguna oportunidad, y así sucesivamente. ¡Y sus objeciones podrían ser lógicas! Pero necesitan saber que la mente humana tiene un miedo mortal a la pérdida y hará todo lo posible por aferrarse a lo que tiene. Por eso necesitan preguntarse si realmente están actuando en su propio mejor interés o si están permitiendo que el miedo los controle.

Con la mayoría de las cosas en tu lista, podría ser útil recordar que hubo un tiempo en el que no tenías tus lujos actuales. Si eres más joven, quizás tengas que recordar cuando eras niño para evocar los días antes de que siempre tuvieras un teléfono inteligente contigo, pero incluso si tienes que retroceder hasta la infancia, aún demuestra que había un tiempo en el que podías vivir sin una conexión constante a Internet. También vale la pena recordar que muchos de los mayores milagros de la historia fueron logrados por personas que carecían de nuestros lujos modernos, ¡o incluso de nuestras necesidades modernas!

¿Significa esto que tienes que renunciar a todo y vagar

por el bosque? Para nada. Como hemos hablado al discutir la fuerza de voluntad, el desarrollo humano lleva tiempo. Y aunque algunas personas pueden permitirse renunciar a todo y navegar por la vida, la mayoría de nosotros no tiene el privilegio o la constitución para un cambio tan radical.

Lo que todos podemos hacer es realizar pequeños pero significativos cambios que nos recuerden lo que realmente necesitamos en esta vida.

Quizás tu trabajo significa que necesitas estar disponible en todo momento. Está bien, pero ¿eso significa que necesitas todos los juegos y gadgets modernos en tu último smartphone? ¿Podrías mantenerte en contacto con el trabajo usando un teléfono de tapa o incluso un buscapersonas?

También podemos ver a Séneca como un ejemplo de cómo podríamos practicar la incomodidad. Llevó una vida normal la mayor parte del año, solo sacrificando un día al mes como un recordatorio de lo que era posible. Quizás no te sientas cómodo viviendo la vida en el escalón más bajo de la sociedad ni siquiera por un día, pero aún podrías dedicar un día al mes a vivir con lo menos posible.

Cuando la mayoría de las personas piensa en renunciar a los lujos, se concentran en cómo su vida estará limitada. Imágenes de lo que no podrán hacer parpadean ante sus ojos. Cuando tus días están llenos de entretenimiento moderno, es fácil pensar que no tendrás nada que hacer si renuncias a ello.

Pero suele suceder algo curioso cuando las personas

renuncian a los lujos modernos, se dan cuenta de que no son todo lo que se dice de ellos.

Claro, el smartphone ha abierto un mundo de oportunidades increíbles. Pero también ha traído consigo muchas consecuencias negativas imprevistas. Recuerda que el pensamiento estoico no se trata de etiquetar cosas como los smartphones como buenas o malas, se trata de verlas como son. Y lo que son es complicado y, en última instancia, innecesario.

Si mañana desaparecieran todos los teléfonos inteligentes del mundo, la vida seguiría. Lo mismo ocurre con cualquier otro artículo de lujo que puedas imaginar. Recuerda que incluso los Grandes Emperadores de Roma vivieron sin electricidad, gasolina, internet o medicina moderna. Si la gente de aquel entonces podía vivir sin cosas que nosotros etiquetamos sensatamente como esenciales, ¿qué tan difícil sería la vida realmente si aprendemos a prescindir de cosas que todos consideramos lujos?

Enfrentando Tu Miedo

Algunos pueden ver este concepto como una forma de masoquismo o locura. Después de todo, ¿quién en su sano juicio se somete voluntariamente al dolor y la incomodidad?

Y sin embargo, todos vamos al doctor para recibir nuestras vacunas contra la gripe, a pesar de que no hay nada agradable en que nos claven una aguja en la piel.

Nadie se pone una inyección porque le guste recibirla,

se la ponen porque saben que les preparará para lo que está por venir. Lo mismo sucede con el estoico. No buscan la incomodidad porque amen la incomodidad, la buscan porque saben que es un hecho de la vida. La incomodidad llegará, la pregunta es si estarás preparado o no.

Movimiento Constante Adelante

El estoico aspira al desarrollo constante. Aunque aceptan las cosas tal como son, saben que siempre pueden trabajar hacia algo más grande.

Esto es algo que casi cualquier aficionado moderno al estoicismo te dirá. Sin embargo, también puede ser engañoso. Debes recordar que los objetivos de un estoico no son los objetivos de la persona promedio.

La mayoría de las personas piensa que para mejorar su vida deben acumular continuamente una mayor riqueza material. Muchas personas piensan que a menos que estén sumando números constantemente, se están quedando atrás en la vida. El estoico rechaza todo esto.

El estoicismo se trata de comprender que la vida tendrá altibajos. De hecho, es más que eso. Cada verdadero estoico recuerda que la vida terminará en la muerte. Con esto en mente, reconocen la máxima futilidad de la cinta de correr interminable en la que parece que gran parte de la sociedad está corriendo.

Así que, cuando el estoico habla sobre el desarrollo y

la mejora constante, se refiere a trabajar en uno mismo. Están esforzándose constantemente por entrenar sus pensamientos, agudizar su mente y fortalecer su alma. Esto se debe a que el estoico entiende que lo único que realmente poseemos en este mundo somos nosotros mismos.

La Importancia de la Rutina

Volvamos a uno de los conceptos principales del estoicismo, la idea de vivir en sintonía con la naturaleza. Recuerda que no se trata de convertirse en un naturalista o ludita, se trata de trabajar con la naturaleza en lugar de contra ella. Y la fuerza natural más importante con la que todos debemos vivir es la naturaleza humana.

Cada ser humano debe aprender a vivir con sus inclinaciones naturales. Casi nadie vive una vida libre de la tentación de hacer cosas que están mal. Es tan tentador tomar decisiones equivocadas, y las decisiones equivocadas pueden convertirse rápidamente en malos hábitos.

Por eso vale la pena invertir el tiempo y la energía necesarios para desarrollar rutinas positivas. Es una ley del universo que el orden tiende a degradarse en desorden con el tiempo. Solo al insertar energía en el sistema puedes preservar el orden, y mucho menos construir algo más grande y grandioso. Si no estás dispuesto a invertir en una mejora constante, entonces tendrás que conformarte con un lento descenso hacia el olvido.

Por eso debes establecer una vida llena de rutinas que

te impulsen continuamente hacia una mejor vida. La idea es que puedes usar el poder del hábito para asegurarte de que te mantengas en el camino correcto incluso cuando tu fuerza de voluntad te falle.

Los estudios han demostrado que se tarda alrededor de dos meses, en promedio, en crear un nuevo hábito (Clear, 2018). Por eso, deberías comenzar a integrar actividades inspiradas en el estoicismo en tu rutina lo antes posible. Cuanto antes empieces a practicar, más natural te resultará.

Conclusión Práctica

No tienes que renunciar a todo lo que posees para tener una idea de cómo sería vivir sin ellos. Todo lo que necesitas es un poco de creatividad.

Saca tu papel y utensilio de escritura. Escribe todas las cosas que sientes que no podrías vivir sin ellas. Lee la lista hasta que la tengas en tu memoria.

Ahora cierra los ojos e imagina la vida sin nada en la lista. Piensa en las consecuencias y cómo las manejarías. Intenta proyectarte lo más lejos posible en el futuro.

Entonces, ¿cómo fue? ¿Te imaginaste colapsando y renunciando a la vida? ¿Te imaginaste muriendo? ¿O era posible que la vida pudiera continuar incluso sin todo aquello de lo que dependes y que atesoras?

El hecho es que estás hecho de cosas más fuertes de lo que podrías pensar. No necesitas todas las cosas que sientes que necesitas. Si estás dispuesto a intentar prescindir de estas cosas, entonces verás esto de primera mano. Sin embargo, también puedes aprender esta lección a través de la visualización. La elección es tuya.

Conclusión: Una filosofía para la vida

Ahí lo tienes. Ahora posees todas las herramientas básicas necesarias para comenzar a transformar tu vida. Sin embargo, debes tener en cuenta lo que implica esta transformación.

La vida de un estoico no es una vida fácil. No es una vida perfecta, libre de dolor y contratiempos. No es la vida para quienes sueñan con el éxito de la noche a la mañana.

Lo que ofrece el Estoicismo es una vida de mejora constante y gradual. Es una subida lenta y constante hacia la cima de la montaña que existe en el corazón humano.

Lo que descubrirás a medida que practiques el estoicismo es que gran parte del dolor y sufrimiento experimentados en la vida no son obligatorios, sino que son en realidad autoinfligidos. No puedes controlar las malas cartas que el destino te puede repartir, pero con una práctica cuidadosa puedes tomar el control de la forma en que tu mente reacciona ante estas situaciones.

Una vez que aprendas a dejar de obsesionarte con los inconvenientes de las situaciones y comiences a buscar oportunidades para crecer como persona, puedes aumentar considerablemente tu calidad de vida, disminuir tu nivel de estrés y lograr una calma que quizás nunca pensaste que era posible.

Por supuesto, estos grandes cambios no ocurrirán de la noche a la mañana. Hay una gran diferencia entre aceptar la proposición de que el sufrimiento puede ser trascendido y realmente poner esa idea en acción. El estoicismo no es un tónico milagroso que te transformará de la noche a la mañana, es un estilo de vida que debe ser practicado y perfeccionado a lo largo de tu vida.

Esto puede parecer una propuesta desalentadora, pero debes recordar que este es el curso de toda verdadera superación personal. No hay balas de plata que eliminen instantáneamente los obstáculos en tu camino. Las únicas personas que consistentemente se enriquecen con esquemas de "enriquecerse rápido" son aquellas que se los venden a personas que no tienen paciencia. Los caminos probados y verdaderos hacia el éxito siempre implican trabajo duro, compromiso y perseverancia.

Sin embargo, esto no significa que tendrás que esperar meses o años para comenzar a ver resultados. Si has leído cuidadosamente el libro y has tomado en serio el conocimiento que contiene, entonces ya deberías ver el mundo con nuevos ojos. Cuando cambias tu perspectiva de una de pesimismo y frustración a una de fe en oportunidades infinitas, entonces puedes ver cambios maravillosos ocurrir en tu vida.

El mundo está lleno de personas que se sienten como si la vida las hubiera derrotado. Miran a su alrededor y deciden que no tienen esperanza porque el mundo está en su contra. Muchas de estas personas están lidiando con prejuicios reales que deben esforzarse por superar, pero muchas otras en realidad están luchando contra su propia actitud poco saludable. Y en ambos casos, la negatividad les impide alcanzar su máximo potencial.

Un tú más tranquilo, fresco y controlado es posible. Después de leer este libro tienes todas las herramientas que necesitas para tomar el control de tu vida. La única pregunta es si harás lo que sea necesario para alcanzar tus metas.

Cómo analizar a las personas y la psicología oscura:

Guía Secreta de Persuasión, Guerra Psicológica, Engaño, Control Mental, Negociación, PNL, Comportamiento Humano, Manipulación e Inteligencia Emocional.

© **Copyright 2024 Robert Clear - Todos los derechos reservados.**

El siguiente eBook se reproduce a continuación con el objetivo de proporcionar información que sea lo más precisa y fiable posible. No obstante, la compra de este eBook puede ser vista como un consentimiento al hecho de que tanto el editor como el autor de este libro no son en ningún caso expertos en los temas discutidos en su interior y que cualquier recomendación o sugerencia que se haga aquí es únicamente para fines de entretenimiento. Se deben consultar a profesionales según sea necesario antes de emprender cualquiera de las acciones respaldadas aquí.

Esta declaración es considerada justa y válida tanto por la Asociación Americana de Abogados como por el Comité de la Asociación de Editores y es vinculante legalmente en todo Estados Unidos.

Además, la transmisión, duplicación o reproducción de cualquier trabajo de los siguientes, incluida información específica, se considerará un acto ilegal, independientemente de si se realiza electrónicamente o en papel. Esto se extiende a la creación de una copia secundaria o terciaria del trabajo o una copia grabada y solo se permite con un consentimiento expreso por escrito del Editor. Todos los derechos adicionales reservados.

La información en las páginas siguientes se considera en términos generales un relato veraz y preciso de los hechos y, como tal, cualquier falta de atención, uso o mal uso de la información en cuestión por parte del lector hará que cualquier acción resultante sea únicamente de su competencia. No hay escenarios en los que el editor o el autor original de esta obra puedan ser considerados de ninguna manera responsables por cualquier dificultad o daño que puedan sufrir tras emprenderse con la información descrita en este documento.

Además, la información en las páginas siguientes tiene el único propósito de informar y debe considerarse, por lo tanto, como universal. Como corresponde a su naturaleza, se presenta sin garantía sobre su validez prolongada o calidad interina. Las marcas comerciales mencionadas se hacen sin consentimiento por escrito y de ninguna manera pueden considerarse un respaldo por parte del titular de la marca comercial.

Introducción

Felicitaciones y gracias por descargar Psicología Oscura. Aquí exploraremos los aspectos más sórdidos y oscuros de la psique humana, así como algunos métodos de aplicación de nuestro conocimiento para su uso en nuestra vida cotidiana. Aquí se profundizará en los siguientes temas: los principios de la psicología oscura, rasgos de "personalidad oscura", estudios de psicología oscura, lectura de mentes, psicología cognitiva, modos de persuasión, control de emociones, ingeniería social y liderazgo.

Este libro NO ofrece ningún beneficio formal para la salud y está destinado únicamente a fines educativos. Cualquier beneficio o perjuicio para la salud asociado con la lectura de este libro es meramente circunstancial y coincidente. El autor no aprueba el uso de ninguna información expresada aquí para mejorar la salud de uno mismo.

La psicología oscura acepta y abraza el lado más oscuro de la experiencia humana. De esta manera, hace lo mismo que cualquier área de estudio antropocéntrico, la única diferencia radica en la especialidad de la psicología oscura sobre esta oscura realidad dentro del animal humano. Sin embargo, la psicología oscura no está destinada a ser un espectáculo de villanos. Los especialistas en este campo realizan su trabajo para comprender mejor por qué y cómo las personas malévolas trabajan para alcanzar sus objetivos, no por algún intento de ganar fama para sí mismos o de idolatrar a los más monstruosos entre nosotros. También es importante tener en cuenta que cada uno de nosotros tiene un lado oscuro o "malvado" en nuestra propia psicología. Aunque hay otros conductos por los cuales podemos alcanzar la realización de los contenidos de este lado, es la psicología oscura la que proporciona la ruta más clara para nosotros en nuestro camino hacia la iluminación sobre cuán oscuros somos realmente y por qué.

Como puedes notar, tenemos mucho terreno por cubrir en este libro, así que ahora deberíamos profundizar en nuestro primer tema sobre la psicología oscura: sus principios.

Capítulo uno: Los principios de la psicología oscura

La psicología oscura podría describirse mejor como un estudio de la condición humana en la que se vuelve normal que las personas devoren a otras por deseos criminales y/o desviados. A menudo, estos deseos carecen de un propósito específico y se basan principalmente en deseos instintivos básicos. Cada ser humano tiene el potencial y la capacidad de victimizar a otros humanos, así como a otras criaturas vivas, pero la mayoría de nosotros mantenemos estos deseos reprimidos para poder funcionar con éxito en la sociedad. Aquellos de nosotros que no sublimamos estas tendencias oscuras son típicamente representativos de la "triada oscura": psicopatía, sociopatía y maquiavelismo, u otros trastornos mentales/alteraciones psicológicas. De esta manera, la psicología oscura se centra principalmente en los fundamentos (es decir, los pensamientos, sistemas de procesamiento, sentimientos y comportamientos) que se encuentran por debajo de los aspectos más depredadores de nuestra naturaleza, los mismos que van más en contra de la corriente del pensamiento moderno sobre el comportamiento humano. En este campo, tendemos a asumir que estos comportamientos más abusivos, criminales y desviados son intencionales la mayoría de las veces, aunque hay instancias en las que parecen no tener fundamentos teleológicos.

La psicología oscura acepta y abraza el lado más oscuro de la experiencia humana. De esta manera, hace lo mismo que cualquier área de estudio antropocéntrico, la única diferencia radica en la especialidad de la psicología oscura en esta realidad oscura dentro del animal humano. Sin embargo, la psicología oscura no está destinada a ser un certamen de villanos. Los especialistas en este campo realizan su trabajo para entender mejor por qué y cómo las personas maliciosas trabajan hacia sus fines, no por algún intento de ganar fama para sí mismos ni para idolatrar a los más monstruosos entre nosotros. También es importante tener en cuenta que cada uno de nosotros tiene un lado oscuro o "malévolo" en nuestra propia psicología. Si bien hay otros conductos a través de los cuales podemos alcanzar la realización del contenido de este lado, es la psicología oscura la que proporciona la ruta más clara para nosotros en nuestro camino hacia la iluminación sobre cuán oscuros somos realmente y por qué.

La mala acción, como afirma Sócrates, es hacer algo que perjudica a otros. No solo perjudica a otros, sino que Sócrates también pensaba que perjudica nuestras propias almas, como muchos modernos estarían de acuerdo. Los psicólogos oscuros permiten que algunos de nosotros hagamos mal a otros sin un propósito mayor. Sus fines nunca justifican sus medios porque simplemente no hay fines a la vista. Esta capacidad (y quizás incluso propensión) para causar daño dentro de una causa o propósito puede encontrarse en todos nosotros. El campo de la psicología oscura asume justificadamente que estos deseos irracionales de hacer daño dentro de nosotros son increíblemente complejos y difíciles de entender.

Ya sea que la mala conducta sea intencional o incluso deliberada, y ya sea que se realice por falta de dinero, retaliación o poder, la fuerza más destructiva detrás de la mala conducta es la agresión. La agresión es probablemente el mayor adversario de las relaciones prosociales, y no debe confundirse con la asertividad. La agresión es cualquier comportamiento verbal y/o físico que pretende dañar o destruir. Este objetivo es lo que la diferencia de otras clases de comportamientos que causan daño o destrucción sin propósitos.

Biológicamente, hay ciertos marcadores genéticos que son más indicativos de agresión que otros. Neurológicamente, es la amígdala la que controla la mayoría de los patrones de comportamiento agresivo. Por esta razón, las personas con amígdalas agrandadas y deformadas suelen cometer actos violentos a tasas más altas. En lo que respecta a las hormonas, normalmente son aquellas personas (principalmente hombres jóvenes) con niveles más altos de testosterona y niveles más bajos de serotonina quienes tienden a ser los más violentos. Las personas más agresivas dentro de las sociedades son típicamente aquellas que han pasado por lo que se podría considerar un ciclo: sus niveles de testosterona aumentan y les hacen volverse agresivos, lo que a su vez genera niveles más altos de testosterona y aún más agresión. De esta manera, se crean algunas de las

personas más peligrosas que el mundo tiene para
ofrecer. Las drogas y los alimentos que aumentan la
serotonina y disminuyen los niveles de testosterona
son típicamente las mejores opciones para disminuir
los niveles generales de agresión.

La causa más común de la agresión es un fracaso o ser
interrumpido en un objetivo. Los estudios indican que
aquellos que han sido hechos miserables por tales
eventos desafortunados suelen hacer que los que
están a su alrededor sean más miserables también. En
estas desagradables instancias, naturalmente nos
frustramos, lo que engendra nuestro enojo, y una vez
que estamos enojados, podemos fácilmente volvernos
agresivos si se nos da una señal. Algunos de los
estímulos más comunes que pueden desencadenar
comportamientos agresivos son los insultos
personales (quizás el más común), el humo de
cigarrillo, los olores desagradables y las altas
temperaturas. El ostracismo es otra causa común de
agresión, provocando algunos de los mismos
fenómenos neurológicos que causa el dolor físico.

Una de las causas más trágicas del aumento de la
agresión es el conocimiento de que la agresión puede
ser gratificante en algunas ocasiones. Los niños que
aprenden temprano que la agresión puede dar
resultados (por así decirlo) son mucho más propensos
a ser agresivos a lo largo de su vida. Otras influencias
sociales que pueden causar tasas más altas de
agresión incluyen la ausencia de uno o ambos padres
durante los años formativos, siendo la figura paterna
generalmente la que está ausente. Para detener el
comportamiento agresivo antes de que comience, a
pesar de las condiciones familiares, el mejor modelo

posible que se debe inculcar es uno que recompense la cooperación y la sensibilidad desde una edad temprana. Los padres y cuidadores deben ser modelos para estos modos de conducta, pero los padres exasperados que no tienen sistemas efectivos tienden a volverse bruscos e incluso agresivos con sus hijos, creando a menudo linajes intergeneracionales de agresión con sus acciones.

Uno de, si no el más, inquietante aspecto de la naturaleza humana es la agresión sexual. Las violaciones son típicamente cometidas por hombres contra mujeres. Estas tienen múltiples causas, pero a menudo son una mezcla de promiscuidad sexual (o el enfoque impersonal hacia el sexo) combinada con una masculinidad hostil y agresiva.

Además de la amígdala, el mesencéfalo y el hipotálamo también son centrales en la agresión, en todos los mamíferos. El hipotálamo tiene receptores especializados que determinan los niveles de agresión en función de los niveles de serotonina y vasopresina a los que están expuestos. Las áreas del mesencéfalo que se ocupan de la agresión tienen conexiones tanto con el tronco encefálico como con otras estructuras como la corteza prefrontal y la amígdala. La estimulación de la amígdala suele llevar a niveles más altos de agresión en los mamíferos, mientras que las lesiones en esta área (o en el hipocampo) suelen conducir a una reducción de la expresión de dominancia social debido a la regulación de la agresión y/o el miedo.

La corteza prefrontal es un área crucial para la regulación del autocontrol y la inhibición de impulsos, específicamente los agresivos. Una reducción en la corteza prefrontal, particularmente en sus porciones orbitofrontal y medial, está positivamente correlacionada con niveles más altos de agresión violenta y antisocial. La inhibición de respuestas también se encuentra en niveles más bajos en la mayoría de los delincuentes violentos.

Nuevamente, una deficiencia en los niveles de serotonina es una de las causas más comunes de agresión e impulsividad. Los niveles más bajos de transmisión de serotonina pueden afectar otros sistemas neuroquímicos, incluido el sistema de dopamina, que regula la motivación hacia los resultados y los niveles de atención. La norepinefrina también influye en los niveles de agresión en general, trabajando dentro del sistema hormonal, el sistema nervioso simpático y el sistema nervioso central. Los neuropeptidos oxitocina y vasopresina también juegan papeles importantes en la regulación del reconocimiento social, el apego y la agresión en los mamíferos. La oxitocina desempeña su papel más importante en la regulación de los vínculos femeninos con compañeros y crías, así como en el uso de la agresión protectora y retaliativa. La vasopresina se utiliza más para la regulación de la agresión en los machos.

Cuando pensamos en la psicología oscura, uno de los términos más comunes que nos viene a la mente es "depredador". Los depredadores humanos vienen en todas las formas y tamaños y utilizan diversos medios, pero todos ellos tienen una cosa en común si tienen éxito: la persuasión. Los depredadores de todo tipo saben cómo "tocar las cuerdas que están dentro de todos nosotros", como lo expresa el psicólogo social Robert Cialdini. Estas son personas que buscan afinación de todos aquellos con los que se cruzan, o la obediencia a su propia autoridad, ya sea real o imaginaria.

Lo primero que los depredadores buscan establecer sobre los demás es la autoridad. Tienden a buscar las cosas que otras personas más desean y luego ofrecen estas cosas bajo el (generalmente falso) disfraz de figuras de autoridad. Proyectan confianza cuando están cerca de personas que creen que pueden influenciar. Si se expresan bien, suelen ser más exitosos en esta práctica, ya que tendemos a cuestionar mucho menos a aquellos que consideramos más elocuentes. Uno de los adjetivos más adecuados que se podría usar para describir a la mayoría de los depredadores es impotencia. Estas son típicamente personas que han sentido poco o nada de poder en sus vidas, siendo constantemente sometidas a la voluntad de otros y nunca sintiendo esa misma sensación de autoridad, comienzan a buscar víctimas que perciben como más débiles que ellos.

Otra forma en la que los depredadores operan para alcanzar sus objetivos es fomentando un sentido de reciprocidad en sus víctimas. Por lo general, atraerán a sus víctimas con regalos y/o favores, solo para atraparlas más tarde con obligaciones que deben cumplirse para saldar deudas. Estos regalos y favores no solo obligan a las víctimas a pasar más tiempo alrededor de sus perpetradores, sino que también desvían su atención de los verdaderos objetivos de los depredadores. Es a través de este laberinto de deudas laborales que las víctimas pueden pasar meses, e incluso años y décadas de sus vidas, en contacto innecesario con personas depredadoras.

La similitud entre las personas es una de las causas más comunes de la simpatía. Lo que es más, una vez que hemos decidido que nos gusta otra persona, nos volvemos mucho más propensos a hacer cosas, cosas que nos piden. Por eso los depredadores utilizan muchas maneras diferentes para aumentar la empatía con sus víctimas, incluyendo el uso de cumplidos, una identidad común y intereses comunes para atrapar a sus víctimas. De esta manera, las personas maliciosas pueden dañar a otros sin ser detectadas, siendo percibidas solo como amigos y aliados por sus víctimas inconscientes. La mayoría de los depredadores sorprenden a las personas comunes en que son capaces de adoptar personalidades agradables para sí mismos tan bien como las personas más benévolas. Típicamente saben cómo imitar a personas "normales" con una facilidad y fluidez que les permite trabajar hacia sus fines malévolos sin ser detectados por personas sin experiencia en el área de la depredación. La mayoría está dotada del mismo sentido de conformidad que todos tenemos, pero esta conformidad no siempre se aplica a sus acciones mientras manipulan su camino a través de la vida.

Los depredadores siempre están buscando qué es lo que las posibles víctimas quieren. Los exitosos son capaces de identificar fácilmente qué presiona los botones de otras personas y qué es lo que los demás más desean. Una vez que han determinado qué cebo deben usar para obtener lo que quieren, intervienen para proporcionar la prueba social a la víctima que afirma que están en lo correcto y que tienen todo lo que la víctima está buscando. Estas son personas que casi pueden oler nuestros deseos e inseguridades, y que están listas y dispuestas a hacer que los más crédulos de nosotros hagan lo que ellos desean.

Dado que los depredadores dependen en gran medida del poder del compromiso dentro de sus víctimas, tienden a buscar solo a personas que creen que se sentirán más endeudadas con ellos. Inicialmente, una figura depredadora provocará compromisos más pequeños de sus víctimas, que generalmente solo conducen a compromisos cada vez mayores a medida que pasa el tiempo. Cuando otros se lo permiten, los depredadores tienden a acumular estos compromisos hasta que se vuelve difícil desvincularse de ellos. Esto es generalmente cuando el lado oscuro del depredador se muestra, y aquellos que están en contacto con él o ella comienzan a sentirse desilusionados.

Si queremos evitar la depredación de otros, tenemos que reflexionar sobre nuestras propias vulnerabilidades, ya que estas son exactamente las cosas que las personas malevolentes van a buscar dentro de nosotros. También deberíamos reflexionar sobre nuestros propios comportamientos depredadores, ya que ninguno de nosotros es inmune a la malevolencia. Cada uno de nosotros es tanto depredador como sumiso, por lo que reconciliar estos dos yo es esencial para entendernos mejor a nosotros mismos y a los demás.

Capítulo dos: "Rasgos de personalidad oscura"

Tendemos a centrarnos demasiado en el lado más ligero de la psicología humana. Ya seamos seguidores del movimiento de la "psicología positiva" o no, a menudo tenemos dificultades para ver el valor en el lado más oscuro de la psicología humana. Esto ocurre en nuestra contra, ya que son los aspectos más molestos de nuestra naturaleza los que tienden a iluminarnos más que las personas que la gente muestra. Aquí profundizaremos en los rasgos más oscuros de la psicología humana, aquellos que todos contienen un rasgo predominante más destructivo que los demás: la insensibilidad o la falta de empatía hacia los demás. Aquellos que tienen estos rasgos son muy diversos, pero todos comparten el potencial de hacer daño a otros debido a su incapacidad para empatizar.

El primero de estos rasgos, y quizás el más común, es el narcisismo. Todos mostramos este rasgo negativo en algún momento u otro, por lo que suele ser mejor reservar el juicio cuando otros parecen narcisistas a primera vista. Los narcisistas a menudo desestiman los pensamientos y sentimientos de los demás y se aprovechan de las personas para obtener lo que quieren. Presenciar a otras personas recibiendo atención y admiración los frustra, ya que creen que tienen derecho a estas cosas más que los demás. Este rasgo, como cualquier otro, existe en un espectro dentro de las personas, siendo los más pretensiosos de nosotros los que están en la cima y aquellos con menor autoeficacia en la parte inferior.

Aunque todos nosotros experimentamos rasgos narcisistas en diferentes grados, en alrededor del 1% de la población estos rasgos pueden adoptar una forma más severa y patológica en la que la persona adquiere una percepción irreal de sus propias habilidades y tiene una necesidad constante de atención y admiración. Esta forma patologizada del narcisismo se llama trastorno de la personalidad narcisista.

El suministro narcisista es una especie de admiración, sustento o apoyo interpersonal que un narcisista obtiene de su entorno. Este suministro puede volverse esencial para el mantenimiento de la autoestima del narcisista si nunca se le retira. Por esta razón, los narcisistas tienden a buscar a aquellos que los admirarán de manera irracional y hay muy poco que detenga a un narcisista una vez que ha encontrado algún tipo de relación en la que se asignan recursos injustificados de manera interpersonal. Esta necesidad de la admiración o atención de los codependientes se considera patológica porque no toma en cuenta los sentimientos, pensamientos o necesidades de las otras personas involucradas. El narcisista solo considera su suministro y nunca se enfoca en lo que realmente está sucediendo con esas otras personas involucradas.

La lesión narcisista es una amenaza percibida a la autoestima del narcisista. Otros términos intercambiables con este son golpe narcisista, cicatriz narcisista y herida narcisista. Lo que todos estos tienen en común, sin embargo, es que se encuentran con la rabia narcisista. La rabia narcisista es una reacción común a cualquier forma de lesión narcisista. Esta rabia (como cualquier otro tipo de rabia) existe dentro de un continuum, que va desde la lejanía leve hasta expresiones más severas de molestia y frustración, y finalmente hasta explosiones emocionales intensas, a veces incluyendo ataques violentos.

La rabia narcisista puede manifestarse de muchas otras maneras también. Estas incluyen episodios depresivos, delirios paranoides y episodios catatónicos. También se sostiene ampliamente que la mayoría de los narcisistas tienen dos tipos principales de rabia. El primero de estos tipos es la rabia constantemente dirigida hacia una o más otras personas, mientras que el segundo tipo está constantemente dirigido hacia uno mismo. La rabia narcisista no es necesariamente problemática en su severidad, ya que su severidad existe en un espectro similar al de la rabia "normal", pero se vuelve más problemática al considerar que es inherentemente patológica.

Una defensa narcisista es cualquier proceso por el cual se preserva el retrato idealizado del yo del narcisista, mientras se niegan sus limitaciones reales.

En otras palabras, este tipo de defensa se encuentra cuando el narcisista intenta preservar su propia imagen más que tratar de determinar la verdad sobre sí mismo. Estas defensas tienden a ser muy rígidas, ya que el narcisista se aferra tanto como sea posible a las narrativas más halagadoras para sí mismo que se puedan imaginar. La mayoría de los narcisistas en realidad experimentan sentimientos de culpa o vergüenza (tanto conscientes como inconscientes) con bastante frecuencia, y uno de los métodos más comunes por los cuales alivian estos sentimientos negativos es levantando tales defensas. El narcisismo patológico tiene que encontrar atajos psicológicos para sobrevivir a lo largo de una mayor autorrealización, y la defensa narcisista es probablemente el más común de estos atajos.

La definición original de abuso narcisista se refería más al abuso cometido por padres narcisistas hacia sus hijos. Típicamente, este tipo de abuso consiste en que los hijos de narcisistas tienen que renunciar a partes de sus propios sentimientos y deseos para proteger la autoestima de sus padres. Los niños que crecen siendo sometidos a este tipo de abuso a menudo tienen problemas de codependencia más adelante en la vida. Al no tener conocimiento de lo que constituye una relación normal, tienden a no ser capaces de reconocer con quién les irá mejor y a quién evitar. Es común que formulen relaciones adicionales con más narcisistas que tienen patologías similares a las de sus padres.

En años más recientes, este término se ha aplicado más ampliamente al abuso dentro de las relaciones entre adultos. Los narcisistas adultos son tan propensos a abusar de otros adultos como a abusar de niños. Estas relaciones abusivas típicamente no duran tanto debido al hecho de que las víctimas adultas generalmente tienen mucha más movilidad para salir de las relaciones que las víctimas infantiles.

El siguiente rasgo oscuro es el maquiavelismo. Este término puede aplicarse tanto a la filosofía política de Niccolò Machiavelli como a un rasgo de personalidad manipulativo. Aquí solo se aplicará el uso posterior. Este rasgo se caracteriza comúnmente por un estilo de personalidad engañoso, un enfoque patológico en el beneficio personal y el interés propio, una deficiencia general de empatía y un flagrante desprecio por la moralidad.

Uno de los aspectos más preocupantes de los maquiavélicos es su falta general de emoción. Esto a menudo los lleva a ser influenciados muy poco por modos de moralidad "convencionales" y a manipular y engañar a otros sin remordimientos para satisfacer sus propias necesidades personales. Este rasgo se mide en unidades llamadas machs por los psicólogos. Se ha demostrado que las personas con niveles más altos de machs están más de acuerdo con afirmaciones como "nunca le digas a otros tu razonamiento a menos que te beneficie hacerlo", y menos de acuerdo con afirmaciones como "las personas son generalmente buenas", "nunca hay una excusa para mentir a otros", o "los más exitosos entre nosotros llevan vidas morales". Por lo general, los hombres obtienen niveles más altos de machs que las mujeres.

Los maquiavélicos suelen ser personas bastante frías

y egoístas que ven a los demás principalmente como instrumentos que pueden utilizar para servir a sus propios intereses. Los motivos que tienen en mente en cualquier momento dado, ya sean sexuales, sociales, profesionales, etc., a menudo se persiguen de manera duplicada, con poco o ningún pensamiento sobre el bienestar de las otras partes involucradas. Aquellos con niveles más altos de mach tienden a estar motivados más por el poder, el dinero y la competencia que por cualquier otra cosa, mientras que aquellos con niveles más bajos de mach tienden a enfocarse más en cosas como el compromiso familiar, el amor propio y la construcción de comunidad. Las personas con niveles más altos de mach quieren ganar a toda costa, sin importar cuán empinada sea la carga. Con estas perspectivas en mente, podríamos argumentar razonablemente que las personas que son más maquiavélicas que otras también tienden a estar más inclinadas hacia la avaricia. Estas personas suelen estar mucho menos motivadas por sentimientos altruistas y cualquier forma de filantropía, y en cambio, pasan la mayor parte de su tiempo en competencia sin rumbo y en industrias malévolas. Por estas razones, los maquiavélicos son generalmente mucho menos dignos de confianza y mucho más interesados en sí mismos que los demás.

Solo sus destacadas habilidades para manipular a los demás les otorgan a los maquiavélicos la reputación de ser un grupo inteligente de personas. En realidad, no hay una correlación verificable entre los maquiavélicos y los puntajes de IQ, pero el estereotipo del maquiavélico inteligente que se desliza a través de vastas redes de acción y sale con todo en mente persiste, no obstante. La inteligencia emocional no es, sin embargo, un punto fuerte de la mayoría de los maquiavélicos. Los niveles más altos de maquiavélicos suelen estar correlacionados con puntajes más bajos de EQ. Tanto el reconocimiento emocional como la empatía emocional están negativamente correlacionados con el maquiavelismo. Este rasgo tampoco ha mostrado estar correlacionado con una teoría de la mente más avanzada. Esto sugiere que los maquiavélicos no son necesariamente mejores para entender lo que otros están pensando en situaciones sociales, por lo que cualquier habilidad en manipulación que puedan poseer no está relacionada con su teoría de la mente.

Entre algunos círculos psicológicos, el maquiavelismo se considera meramente una forma subclínica de psicopatía. Si bien este rasgo de personalidad está estrechamente relacionado con la psicopatía y se superpone con ella en varias áreas de pensamiento, la mayoría de los psicólogos sostiene que, de hecho, es un constructo de personalidad completamente independiente. Los psicópatas generalmente son mucho más impulsivos y tienen menos autocontrol que los maquiavélicos. Sin embargo, ambos rasgos comparten la deshonestidad. Los maquiavélicos también son típicamente mucho menos amables y concienzudos que la población general, lo que a menudo conduce a que tengan poco éxito en sus carreras y relaciones personales. Los maquiavélicos también son altos en agencia y bajos en comunión, lo que significa que buscan individualizarse y tener éxito más que trabajar con otros en esfuerzos comunes. Esta combinación de rasgos no es necesariamente mala en sí misma, pero lo que resulta preocupante de muchos maquiavélicos es que a menudo desean no solo tener éxito ellos mismos, sino que también buscan activamente hacerlo a expensas de los demás.

Lo que hace que muchos maquiavélicos sean tan efectivos en lo que hacen es su capacidad para mantenerse fuera del radar de las personas. Sin embargo, hay algunas maneras fundamentales en las que podemos identificar claramente a estas personas peligrosas antes de que comiencen a causar estragos en nuestras vidas.

Uno de los mayores indicadores de verdaderos machs en una persona es la capacidad de esa persona para funcionar especialmente bien en lugares de trabajo y otras situaciones sociales en las que las reglas son ambiguas. Sin límites claros, estas personas inevitablemente se moverán en cada dirección que consideren adecuada y estarán constantemente pensando en formas de avanzar en sus propios intereses a expensas de la compañía que mantienen. Los maquiavélicos prosperan más donde las líneas están borrosas y todos los comportamientos parecen sin precedentes, porque donde existen estos entornos vulnerables ven oportunidades para tomar acciones por las que no serán considerados responsables.

Otra señal de alerta es el desapego emocional excesivo, a veces acompañado de una visión cínica de las cosas que permite a la persona esperar pacientemente y sin pasión por cualquier oportunidad que pueda presentarse. Con este control de impulso, los maquiavélicos son mejores para planificar con antelación y determinar qué pueden hacer para manipular que los demás.

Los maquis también se caracterizan por su uso de presión, culpa, auto-revelación, encanto y cortesía para alcanzar sus objetivos. Estas tácticas les permiten maniobrar socialmente hacia sus metas malévolas sin ser detectados. Además de utilizar estas tácticas, también preparan planes de respaldo para salir de situaciones complicadas cuando son descubiertos. Excusas y distracciones interminables se emplean a menudo cuando son expuestos, cuya multiplicidad puede ser abrumadora para aquellos que intentan denunciarlos.

La verdadera potencia del maquiavelismo reside en su encubrimiento. Estas personas son capaces de manipular a los demás de manera tan efectiva porque, en parte, nadie sospecha que albergan motivos ocultos en las cosas que hacen. Bajo la apariencia de personas normales y benevolentes, a menudo pueden integrarse sin problemas en el follaje de la ciudadanía saludable.

La psicopatía es quizás el rasgo oscuro más conocido y perturbador. La psicopatía como un trastorno de la personalidad se caracteriza por comportamientos antisociales continuos, una capacidad disminuida para empatizar y ciertos rasgos egotistas, desinhibidos y audaces.

Hay dos tipos principales de psicopatía, caracterizados por sus síntomas. El primero (y menos problemático) se conoce como psicopatía cleckleana, caracterizada por patrones de comportamiento desinhibidos y audaces. El segundo tipo es la psicopatía criminal, caracterizada por comportamientos más agresivos y desinhibidos, en este caso, criminales. De estos dos tipos, el último recibe obviamente más atención debido a que una gran parte de los criminales más notorios del mundo han sufrido de este tipo de psicopatía.

El primero de los rasgos psicopáticos es a menudo el que permite que todos los demás se vuelvan ingobernables: la audacia. Este rasgo se constituye por un bajo nivel de miedo combinado con una alta tolerancia al estrés, una tolerancia general al peligro y la incertidumbre, y niveles de asertividad y autoconfianza increíblemente altos. Un exceso de este rasgo puede o no estar relacionado con variaciones individuales de la amígdala, el regulador más importante del miedo en el cerebro. Con esta audacia, los psicópatas a menudo son capaces de manejar a las personas y situaciones de las que las personas normales preferirían alejarse. Esto puede trabajar a favor del psicópata, pero a menudo los lleva a tener más problemas de los necesarios. Con este rasgo, los psicópatas a menudo tienen dificultades para distinguir las amenazas reales de las ocurrencias normales, porque su circuito neuronal simplemente no les indica que las cosas son de una manera o de otra.

La desinhibición es el siguiente rasgo de los psicópatas. Este término se refiere a una falta de control de los impulsos combinada con problemas de planificación, una falta de control sobre los deseos, una necesidad constante de gratificación instantánea y una restricción general deficiente del comportamiento. Este rasgo en exceso a menudo corresponde con discapacidades en las estructuras dentro del lóbulo frontal que influyen en este tipo de sistemas de control del comportamiento. La desinhibición provoca que muchos psicópatas actúen de manera impulsiva e incluso errática al seguir sus deseos inmediatos. Siempre viviendo el momento, nunca tienen una visión clara de lo que podría suceder a continuación o de lo que deberían hacer para darse una gratificación duradera. Esto a menudo les lleva a tomar peores decisiones que les perjudican más, ya que muchas de las cosas que nos brindan gratificación instantánea terminan dañándonos considerablemente a largo plazo.

Otro rasgo común de los psicópatas es la mezquindad o crueldad. Los psicópatas a menudo carecen de empatía y tienen pocas o ninguna relación íntima con los demás, a veces incluso desprecian la compañía de otros. A menudo utilizan la crueldad para obtener mayor poder, son generalmente mucho más explotadores que los demás, rebeldes hacia figuras de autoridad y tienden a buscar emoción de maneras imprudentes y peligrosas. Este rasgo es probablemente más destructivo para aquellos que entran en contacto con los psicópatas que cualquiera de los otros mencionados aquí. Los psicópatas típicamente no disfrutan de la compañía de los demás, por lo que cuando están rodeados de otros, son mucho más propensos a actuar de maneras crueles y callosas porque perciben que no tienen nada que perder. Esta perspectiva sobre los demás les lleva a actuar de maneras que son desagradables y a veces peligrosas, ya sea con un propósito en mente o no.

Típicamente, los psicópatas son bastante altos en antagonismo, y muy bajos en conciencia y en ansiedad, sintiendo casi ninguna ansiedad, de hecho. Estas personas también son bajas en socialización y responsabilidad y altas en búsqueda de sensaciones, impulsividad y agresión. La combinación de estos rasgos tiende a crear personas que no se llevan bien con los demás, que contribuyen poco a la sociedad en general, y que siguen sus impulsos libremente y sin ansiedad.

De los otros rasgos de personalidad oscuros, la psicopatía es probablemente la que está más relacionada con el narcisismo. De hecho, desde una perspectiva psicológica, incluso se considera este rasgo como solo otra parte del espectro del narcisismo patológico. Algunos psicólogos afirman que la personalidad narcisista existe en la parte baja de este espectro, el narcisismo maligno en el medio, y la psicopatía en su punto más alto.

Socialmente, los principales síntomas de la psicopatía son la insensibilidad, la manipulación y, a veces, el crimen y la violencia. Mentalmente, el deterioro de los procesos relacionados con la cognición y el afecto son los mayores indicadores de la psicopatía. Estos síntomas generalmente comienzan a aparecer alrededor de la adolescencia, aunque a veces se encuentran incluso en niños más pequeños y en otras ocasiones no se encuentran hasta más tarde en la adultez.

Los puntajes de psicopatía son sorprendentemente reveladores en relación con los antecedentes de encarcelamiento. Se ha encontrado que puntuaciones más altas de este rasgo están a menudo correlacionadas con una serie repetida de encarcelamientos, detenciones en áreas de mayor seguridad de los centros de detención, más infracciones disciplinarias y tasas más altas de abuso de sustancias.

Aunque la psicopatía no es del todo sinónimo de violencia, hay muchas correlaciones bien documentadas entre este rasgo y actos violentos. La psicopatía se caracteriza a menudo por una agresión "instrumental". Esta forma de agresión es más proactiva y o depredadora que otras. La emoción contenida y los objetivos no dirigidos, pero en gran medida facilitados por la causa de daño, son dos características más de esta potente forma de agresión. La agresión instrumental a menudo se correlaciona con delitos de homicidio debido a la naturaleza depredadora de esta forma de agresión.

La psicopatía también está relacionada con la violencia doméstica, con alrededor del 15-30% de los perpetradores mostrando tendencias psicopáticas. Principalmente es la insensibilidad, combinada con el desprecio por las conexiones interpersonales, lo que lleva a muchos psicópatas a cometer delitos de violencia doméstica. A pesar de todas estas conexiones que la psicopatía tiene con varios tipos de comportamiento criminal violento, las tendencias psicopáticas todavía no se consideran ampliamente en la evaluación de riesgos.

El crimen sexual es otro tipo atroz de actividad delictiva que comúnmente se asocia con la psicopatía debido a una proclividad psicopática hacia el comportamiento sexual violento. La relación entre la psicopatía y la violación de menores se muestra en el número de delitos cometidos por el perpetrador, que tiende a aumentar en individuos más psicopáticos. Las tendencias hacia la violencia sádica y la falta de remordimiento tienden a llevar a los psicópatas a cometer crímenes sexuales que las personas normales simplemente nunca imaginarían. A pesar de esta desconcertante proclividad a reincidir, los psicópatas tienen, en promedio, 2.5 veces más probabilidades de obtener liberaciones condicionales que sus contrapartes no psicopáticas cuando están encarcelados por sus crímenes.

La psicopatía también está correlacionada con el crimen organizado, el crimen de guerra y el crimen económico. Es la violencia antisocial, la cosmovisión que excluye el bienestar de los demás, la externalización incesante de la culpa, la falta de remordimiento y la impulsividad que tiende a empujar a los psicópatas hacia comportamientos criminales de todo tipo a tasas más altas que los no psicópatas. Si bien el terrorismo se asocia popularmente con la psicopatía, en realidad, los psicópatas son menos propensos a participar en actividades terroristas debido a la planificación, organización y el trabajo comunitario frecuente que implica realizar ataques terroristas. El terrorismo atrae menos a los psicópatas debido a sus propias intuiciones egoístas también.

En la infancia y adolescencia, los precursores más comunes de la psicopatía son la falta de emociones o la insensibilidad, la impulsividad o la falta de responsabilidad, y el narcisismo. El rasgo y/o el trastorno de la personalidad pueden ser tan difíciles de discernir o diagnosticar en estas etapas tempranas porque sus síntomas se encuentran en muchos niños y adolescentes no psicópatas. Estos rasgos son, ya sea en psicópatas o en individuos normales, a menudo indicativos de un comportamiento violento o criminal posterior. En los juveniles, la psicopatía suele estar correlacionada con tasas más altas de emociones negativas como la depresión, la ansiedad, la hostilidad y la ira. Aunque podemos tener ciertos indicadores de psicopatía en personas más jóvenes, estos indicadores generalmente no se manifiestan en una psicopatía real más adelante en la vida y suelen ser problemas individuales en su lugar.

El trastorno de conducta en los jóvenes se considera un camino hacia el posterior trastorno de personalidad antisocial y la psicopatía. Este trastorno normalmente surge de una mezcla tóxica de problemas neurológicos preexistentes y una exposición prolongada a factores ambientales adversos. No solo aquellos con este trastorno exhiben comportamientos antisociales prolongados a lo largo de la vida, sino que también se ha demostrado que mantienen una salud general más deficiente y generalmente tienen un estatus socioeconómico mucho más bajo. El inicio en la infancia comienza antes de los 10 años y típicamente resulta en un comportamiento antisocial a largo plazo, mientras que el inicio en la adolescencia comienza después de los 10 años y con mayor frecuencia resulta en un comportamiento antisocial limitado al corto plazo.

Es cuando el trastorno de conducta se mezcla con TDAH que los comportamientos antisociales asociados se vuelven más problemáticos. Las personas más jóvenes con esta combinación de trastornos tienden a mostrar la misma insensibilidad, agresión e inhibición conductual que los psicópatas de todas las edades exhiben. El estilo interpersonal indiferente y carente de emoción de aquellos con trastorno de conducta es uno de los paralelismos más notables de la psicología con la psicopatía.

En lo que respecta a la mentalidad, las disfunciones dentro de la amígdala y la corteza prefrontal son las causas neurológicas más comunes de la psicopatía. Estas disfunciones suelen ser innatas, aunque en otras ocasiones son causadas por tumores, lesiones y traumatismos craneales sufridos en estas regiones. Si bien los pacientes con estos problemas en estas áreas pueden parecer en pensamiento y acción psicópatas, están divorciados de este último grupo. Ya sean psicópatas o no psicópatas, las personas con daño en las regiones del cerebro suelen tener muchas más dificultades para aprender razonamiento social y moral que la mayoría de las personas. El aprendizaje reforzado por estímulos también se ve afectado en individuos con daño en estas regiones, lo que significa que, ya sea siendo recompensados o castigados, estas personas tienen dificultades para aprender en función de los efectos que provienen de lo que están haciendo.

A pesar de estos defectos de aprendizaje, no hay un vínculo irrefutable entre la psicopatía y el CI. En cuanto a la inteligencia, los psicópatas en grupo son realmente un reflejo bastante preciso de la población general, siendo algunos increíblemente brillantes y otros muy mediocres en comparación, mientras que la mayoría es aproximadamente promedio.

La psicopatía también está relacionada con respuestas

inusuales a las señales de angustia. Las respuestas vocales y físicas al miedo y la tristeza a menudo son pasadas por alto o malinterpretadas por los psicópatas, generalmente debido a una disminución de actividad en las regiones fusiforme y extrastriada del cerebro. Esta inactividad resulta en la incapacidad de reconocer todas las emociones en los rostros de otras personas también, pero es la incapacidad de discernir el miedo y la tristeza la que generalmente resulta más perjudicial para los psicópatas.

La amoralidad es uno de los subproductos más problemáticos de la psicopatía. Aquí, este término se refiere a un desprecio por, una indiferencia hacia, o simplemente una ausencia de sentimientos y prácticas morales. Hay dos áreas principales de preocupación dentro del razonamiento moral: las transgresiones personales y el cumplimiento (o incumplimiento) de las reglas convencionales. Sócrates anotó estas áreas como la adherencia a las leyes naturales y convencionales respectivamente. Cuando se les pregunta a determinar qué tipos de estas leyes deberían seguirse más de cerca, los psicópatas generalmente afirman que son las leyes convencionales, mientras que los no psicópatas suelen creer que las leyes naturales o personales deberían cumplirse primero. Esta tendencia podría sugerir que los psicópatas no tienen leyes morales fuertes establecidas para sí mismos y están más inclinados a seguir solamente las de los sistemas en los que se encuentran.

Mientras no hay una preferencia notable entre los psicópatas por la infligencia de daño personal e interpersonal, estas personas suelen ser mucho menos reacias a infligir daño interpersonal que los no psicópatas. Aquellos psicópatas con los niveles más bajos de ansiedad suelen ser mucho más propensos a infligir daño personal.

Existen vínculos o causas genéticas moderadas de la psicopatía, pero estos no son tan sustanciales como los ambientales. Las causas ambientales más comunes de la psicopatía provienen todas de experiencias tempranas en la infancia y la adolescencia, incluyendo, pero no limitándose a, proceder de una familia desestructurada con una madre joven o deprimida, bajo involucramiento del padre, tener padres convictos, negligencia física, bajo ingreso familiar o estatus social, vivienda y/o supervisión precarias, gran tamaño de la familia, disciplina severa y hermano(s) delincuente(s).

Las lesiones en la cabeza también están fuertemente ligadas a la violencia y la psicopatía. Son las lesiones en los córtices prefrontal y orbitofrontal las que causan más daño a los afectados, siendo las discapacidades en el razonamiento social y moral los efectos más desconcertantes de estas lesiones. El daño en el córtex ventromedial también es preocupante, causando generalmente una reducción en las respuestas autonómicas, incapacidad para realizar maniobras evasivas, toma de decisiones económicas afectada y expresiones disminuidas de culpa, vergüenza y empatía.

La psicopatía es probablemente el rasgo oscuro más famoso debido a la destructividad de sus poseedores. Muchos de los criminales más notorio del mundo han sido o son psicópatas, pero esto no implica que todos los psicópatas sean criminales. Algunos de ellos, de hecho, continúan llevando vidas normales y productivas en las que contribuyen en gran medida a la sociedad en su conjunto.

Ahora llegamos al sadismo. El sadomasoquismo (o SM, como lo llamaremos aquí) es la recepción o entrega de placer que proviene de la inflicción de dolor y/o humillación. A menudo, los sádicos reciben gratificación sexual de la inflicción de este dolor, ya sea que sean los que lo dan o los que lo reciben. Estas prácticas son, sorprendentemente, generalmente consensuadas, y por lo tanto difieren de los crímenes sexuales no consensuados.

El origen del término sadismo se encuentra en el Marqués De Sade (1740-1814), quien tanto practicó rituales sexuales sadistas como escribió sobre ellos. El término masoquismo proviene de Leopold Von Sacher-Masoch, quien escribió novelas sobre sus propias prácticas sexuales masoquistas.

Algunos psicólogos consideran que el dolor y la violencia están en el centro de la práctica sadomasoquista, mientras que otros se inclinan más hacia la dominación y la sumisión. En realidad, la mayoría de los sadomasoquistas están interesados en ambos. Sigmund Freud consideraba que la primera "forma" del sadomasoquismo estaba centrada en la noción de la cuckoldry (o la elección de rivales como parejas), y la segunda forma no se preocupaba en absoluto por las relaciones y se interesaba en cambio por el espectáculo de las prácticas sexuales.

Cada sadomasoquista encuentra las prácticas

asociadas con el desorden atractivas por sus propias razones. A menudo, los SM que prefieren asumir roles más sumisos dentro de sus prácticas lo hacen por una necesidad de escapar de la culpa, la responsabilidad y el estrés de la vida. Estar en presencia de figuras fuertes y dominantes infunde un sentido de seguridad y protección para los demás. Los sádicos, por otro lado, pueden disfrutar asumir roles más dominantes por un deseo de sentirse más empoderados. Ya sea sádico o masoquista, los SM simplemente están tratando de satisfacer necesidades emocionales que tienen, las cuales a menudo se originan en experiencias y relaciones de la infancia. Aunque estas necesidades se satisfacen de maneras que algunos encontrarían inusuales o inapropiadas, mientras estas prácticas sean consensuales, generalmente será prudente evitar el juicio.

Finalmente, la sociopatía (o trastorno de personalidad antisocial) es un trastorno de la personalidad caracterizado por la falta de remordimiento o culpa por los daños causados a otros. Este trastorno es tan similar a la psicopatía que muchos psicólogos en el pasado lo han considerado un subtrastorno dentro de una clase más amplia de trastornos psicopáticos, pero la mayoría hoy en día sostiene que la sociopatía es un trastorno separado en su totalidad. Las mismas tácticas de manipulación, la impulsividad, la falta de culpa y el exceso de agresión que se encuentran en psicópatas y maquiavélicos son compartidas por los sociópatas.

Mientras que algunos sociópatas son de alto funcionamiento y contribuyen con grandes cosas a la sociedad, la mayoría tiene dificultades para mantenerse responsables a lo largo de la vida debido a su impulsividad y a menudo llevan vidas más cortas que la media como resultado de prácticas imprudentes, como el abuso de sustancias y la actividad criminal.

Si bien hay un componente genético notable en el desarrollo del trastorno de personalidad antisocial, también existen ciertos factores ambientales que pueden colocar a los jóvenes en un mayor riesgo de desarrollar este trastorno. Estos incluyen, entre otros, no haber aprendido a respetar los derechos de los demás, una mala disciplina, la presencia de modelos a seguir negativos y el alcoholismo, así como otras formas de abuso de sustancias, tanto en los padres como en sus hijos.

El trastorno de conducta y el TDAH antes de los 10 años son otro indicador del desarrollo posterior del trastorno de personalidad antisocial. Algunos estudios incluso han indicado que el 25% de las niñas y el 40% de los niños que desarrollan trastorno de conducta a lo largo de su desarrollo terminan desarrollando trastorno de personalidad antisocial más adelante en la adultez.

Los síntomas más comunes de la sociopatía son los siguientes: la comisión repetida de actos ilegales, mentir o manipular para lograr resultados, impulsividad, peleas o asaltos repetidos, desconsideración por la seguridad de uno mismo y de los demás, falta de empatía y remordimiento, e irresponsabilidad personal y financiera. Para ser diagnosticado formalmente con sociopatía, una persona debe mostrar al menos tres de los síntomas mencionados anteriormente. Otros criterios que deben cumplirse para diagnosticar a alguien con trastorno de personalidad antisocial son que la persona tenga al menos 18 años y que haya sido diagnosticada con un trastorno de conducta que comenzó antes o a la edad de 15 años. Típicamente, hay algún episodio antisocial y una posterior intervención antes de que a una persona se le diagnostique oficialmente este trastorno, ya que la mayoría no sospecha de o no admiten tener sociopatía. Sin embargo, estos episodios no son necesarios para un diagnóstico formal de este problemático trastorno.

Estos síntomas suelen alcanzar su punto máximo cuando la persona que los padece está en sus veintes. Sin embargo, una vez que ha llegado a los 40 años, algunos encuentran que estos síntomas disminuyen y se eliminan por sí mismos.

La terapia conversacional es la forma de terapia más común y efectiva para este trastorno y suele ser la misma para todos los demás rasgos de personalidad oscuros. Esta forma de terapia es útil para estas personas porque, en parte, ofrece una manera para que el individuo desarrolle sus habilidades interpersonales. Sin embargo, el primer objetivo dentro de estas terapias es siempre la reducción de comportamientos impulsivos que pueden llevar a hacer daño criminal.

Hay sorprendentemente muy pocos medicamentos que ayudan a mitigar los síntomas del trastorno de personalidad antisocial. Además de la terapia conversacional, los clínicos también administran terapias de esquemas a muchos pacientes, que tienen como objetivo editar y organizar mejor los patrones de pensamiento desadaptativos que a menudo provienen de la infancia. El autor aquí argumentaría que esta forma de terapia debería ser más utilizada entre todos aquellos que sufren de rasgos de personalidad oscuros, independientemente de cuáles sean esos rasgos, aunque esto es meramente una opinión.

Capítulo tres: Estudios de psicología oscura

No hay mejores afirmaciones de sucesos psicológicos oscuros que los estudios reales realizados sobre el tema. Ahora deberíamos repasar algunos de los ejemplos más famosos de tales estudios, ahondando tanto en las razones por las que se llevaron a cabo como en su significado después del hecho.

Los experimentos de Asch de la década de 1950 se llevaron a cabo para determinar en qué medida las opiniones de un individuo pueden ser influenciadas por las de la mayoría del grupo en el que se encuentra. Solomon Asch, el líder de estos experimentos, comenzó haciendo que jóvenes estudiantes universitarios participaran en tareas perceptivas. Dividió a los participantes en grupos, siendo todos menos uno de los miembros en cada grupo "confederados" o actores. El objetivo de estos experimentos era analizar cómo el único participante "genuino" reaccionaría ante los pensamientos y acciones de todos los actores.

Con todos los demás participantes teniendo respuestas preescritas para todas las preguntas realizadas, las respuestas del único participante genuino se convirtieron en las únicas verdaderas variables independientes en el estudio. Con diferentes grados de presión de grupo aplicados al único participante real, los efectos de esta presión fueron luego observados y estudiados en sus diversos grados de severidad.

Cada participante fue simplemente preguntado una serie de preguntas, como cuál línea era la más corta o más larga dentro de una serie. Inicialmente, todos los "confederados" dieron respuestas correctas a todas las preguntas formuladas para evitar sospechar al único participante genuino. Fue solo más tarde que comenzaron a añadirse algunas respuestas incorrectas.

Había un grupo de control entre los grupos normales cuando se llevaban a cabo estos experimentos, en el cual no se aplicaba ninguna presión de grupo a los participantes. Dentro de este grupo de control, solo alrededor de uno de cada 35 respuestas eran incorrectas, una estadística probablemente atribuible a mero error experimental. Dentro de los grupos normales, por otro lado, un tercio de los participantes genuinos dieron una respuesta incorrecta cuando otros dentro del grupo también lo habían hecho. Esto implica que las personas son de hecho mucho más propensas a tomar decisiones incorrectas cuando la mayoría de los que los rodean están haciendo lo mismo.

Al menos ¾ de todos los participantes dieron al menos una respuesta incorrecta a las preguntas que se les hicieron. Dentro de este experimento, las personas escondieron sus propias opiniones, ya fuera porque eran genuinamente sospechosas de sus propias intuiciones, o simplemente querían cumplir más con su compañía.

Mientras todos tendemos a enorgullecernos de ser personas con mentalidad independiente y completamente autónomas, estudios como este indican que a veces nos comportamos como todo lo contrario. Este problema de conformidad vs. individualidad es una lucha antigua que algunas de las mentes más grandes de la historia han analizado incansablemente. Típicamente, se debe mantener la moderación al determinar la relación entre nuestras propias opiniones y las de los grupos en los que nos encontramos. Confiar plenamente y sin cuestionar nuestras propias intuiciones sería arrogante y podría sumergirnos en la ignorancia de una realidad que hemos creado, una que podría haberse evitado fácilmente al ser receptivos a las opiniones de los demás. También debemos tener en cuenta que otras personas son tan susceptibles al error como nosotros, y que el poder no siempre hace lo correcto. Al seguir ciegamente a la manada, nos estamos sometiendo a lo que esta manada pueda tener en mente para nosotros. Solo porque más personas crean en algo no hace que ese algo sea más o menos verdadero. Las modas son geniales en el sentido de que nos hacen sentir parte de algo, pero potencialmente destructivas cuando depositamos demasiada fe en ellas.

No es un ejemplo de oscuridad personal desviarse de los caminos bien transitados de nuestra empresa. Mientras que grupos más grandes pueden proporcionar orden a sus miembros, este orden puede convertirse fácilmente en tiranía si no se controla. Cuando no hay nadie alrededor para verificar la validez de cualquiera de las opiniones del grupo, todo el sistema tiende a colapsar sobre sí mismo, dejando a los más dogmáticos en el fondo de los escombros. La historia nos da innumerables ejemplos de personas haciendo cosas horribles por sometimiento a su(s) tribu(s). Los experimentos de Asch son simplemente un reflejo microcósmico de esta tendencia destructiva.

La Biblia cuenta la historia del buen samaritano, que se detiene a ayudar a un hombre necesitado mientras que otros, personas autojustificadas, simplemente pasan de largo. John Darley y C. Daniel Batson, inspirados por esta famosa historia, querían ver si había alguna correlación entre la religiosidad y la disposición a ayudar, y por eso llevaron a cabo el experimento del buen samaritano.

Tres hipótesis principales estaban en la mente de los investigadores al entrar en este experimento: que las personas que piensan en pensamientos religiosos útiles no estarían finalmente más inclinadas a ayudar a otros que nadie más, que las personas que tienen prisa serían menos propensas a ayudar a otros, y que aquellos que son religiosos simplemente por interés personal estarán mucho menos dispuestos a ayudar a otros que las personas que son religiosas por un deseo de encontrar un significado en la vida. Las personas de estilo samaritano serán más propensas a ayudar que las personas de estilo levítico.

Después de reclutar estudiantes de seminario para este experimento, la investigación realizó un cuestionario sobre religión a los participantes para luego determinar la precisión de la tercera hipótesis. Luego, comenzaron el experimento en un edificio, solo para pedir a los participantes que caminaran a otro edificio para terminar el experimento. En el camino, los participantes encontraron a un hombre caído en un callejón y no tenían conocimiento de qué le pasaba o por qué estaba allí.

Antes de que los participantes se marcharan, informaron a diferentes grupos sobre diferentes aspectos de urgencia y lo que tendrían que hacer en los otros edificios. Una de las tareas estaba relacionada con los trabajos del seminario y la otra estaba relacionada con la narración de la historia del buen samaritano. A uno de estos grupos se le dijo que era tarde y que necesitaba dirigirse al otro edificio de inmediato, mientras que al otro grupo se le informó que tenía algunos minutos.

El hombre en el callejón fue indicado para gemir y toser dos veces mientras los participantes pasaban. Los investigadores establecieron previamente una escala de ayuda que se organizó de la siguiente manera: 0= no notar a la víctima y su necesidad, 1= notar la necesidad pero no ofrecer ayuda, 2= no detenerse pero decidir ayudar indirectamente (informando a su asistente al llegar), 3= detenerse y preguntar a la víctima si necesitaba ayuda, 4= detenerse y ayudar a la víctima, dejándola de lado después, 5= negarse a dejar a la víctima después de detenerse y ofrecer ayuda, o insistir en llevarla a otro lugar.

Después de que los sujetos llegaron a la segunda ubicación, les hicieron responder un segundo cuestionario, este relacionado con la helpfulness. El sentido de urgencia tuvo un efecto en la ayuda al hombre en el callejón. En general, alrededor del 40% de los participantes eligieron ayudar a la víctima. Aquellos que no estaban muy apurados ayudaron el 63% del tiempo, aquellos que estaban algo apurados ayudaron el 40% del tiempo, y aquellos que estaban muy apurados ayudaron solo el 10% del tiempo. Los samarinenses aquí ayudaron el 53% del tiempo, mientras que los levitas solo ayudaron el 29% del tiempo, confirmando así la tercera hipótesis. Este estudio podría, en última instancia, no encontrar ninguna correlación entre religiosidad y comportamiento de ayuda. Aquellos que estaban más interesados en la helpfulness como un bien en sí mismo tendían a ser mucho más serviciales que aquellos que veían la religión como un medio para obtener cosas que deseaban.

Incluso cuando están en camino a dar un discurso sobre el buen samaritano, una persona apurada es mucho menos probable que ayude a los demás a su alrededor. Esto solo demuestra que pensar en ética no necesariamente nos lleva a actuar de manera más ética. La relación entre la urgencia y la disposición a ayudar también debe ser tenida en cuenta, ya que esto podría indicar que a medida que nuestras vidas se vuelven más y más rápidas con cada año que pasa, estamos condenados a volvernos menos y menos éticos, aunque esta es solo una interpretación que se puede tener sobre este fenómeno. Hay otra posible explicación para la falta de ayuda: el conflicto entre las necesidades del experimentador y las del víctima podría haber afectado la toma de decisiones de los participantes más que cualquier frialdad de su parte.

Este experimento sigue siendo controvertido en tanto que aborda la religión, pero solo los irracionales negarían que la religión es mejor utilizada por aquellos que simplemente buscan significado en la vida que por aquellos que están impulsados únicamente por la avaricia. Simplemente no hay espacio para la moralidad donde las personas desean tener más cosas. Cuando estamos abrumados por los variados deseos que tenemos, siempre abrimos la caja de Pandora para satisfacerlos, dejando que todas las cosas más malignas que podemos imaginar vaguen por la tierra simplemente por codicia. La caridad realmente es un bien en sí misma. Desde un punto de vista utilitario, casi siempre es mejor ser más caritativo porque la felicidad derivada de hacerlo no solo se siente en nuestros beneficiarios, sino también en nosotros mismos.

Este estudio también nos muestra que, para promover lo bueno y evitar lo malo, tendremos que sacar tiempo de nuestros días para hacerlo. La prisa en nuestras acciones nos hace mucho menos propensos a ayudar a los demás. Cuando estamos constantemente ocupados con nuestras propias actividades, a veces fallamos en reconocer las necesidades de los demás, pero detenernos para hacerlo de vez en cuando nos beneficiará enormemente a largo plazo.

El experimento de apatía del espectador de 1968, realizado por John Darley y Bibb Latane, buscó explorar uno de los fenómenos más interesantes y, quizás decepcionantes, en el campo de la psicología social. Dentro de este tipo de experimento, se simula una emergencia con un participante entre varios otros cómplices. Estos investigadores luego estudiarían cuánto tiempo le tomó al participante actuar si decidía hacerlo en absoluto. Sorprendentemente, este estudio nos mostró a todos que somos mucho menos propensos a ayudar a otros cuando estamos en compañía de una multitud. Alrededor del 70% de los participantes ayudaron cuando no había otros involucrados, mientras que solo el 40% eligió hacerlo en compañía de grupos.

Esta renuencia a ayudar a otros en multitudes puede deberse a una mera autoconciencia, or también podría ser por una percepción de que ser el primero en ayudar implica asumir algo de un papel de liderazgo, un papel que la mayoría de las personas rechazan asumir por sí mismas. Por cualquier razón que pueda ocurrir, esta tendencia a desatender a quienes lo necesitan es problemática por razones obvias. No importa cuál sea el problema, es más probable que lo evitemos cuando nos encontramos en grupos más grandes, como parece sugerir este experimento.

El experimento de la prisión de Stanford, quizás el más conocido de los mencionados aquí, fue realizado en 1971 por Philip Zimbardo con el objetivo de estudiar cuáles son los efectos psicológicos que conlleva convertirse en prisionero o en guardia de prisión. Aquí, 24 sujetos masculinos fueron seleccionados al azar para ser ya sea guardias o prisioneros dentro de una prisión simulada en el sótano del edificio de psicología de Stanford.

Se informó que Zimbardo quedó impresionado por lo rápido que los sujetos se adaptaron a sus roles, ya que los guardias asumieron rápidamente roles cada vez más autoritarios y eventualmente incluso recurrieron a la tortura psicológica de los prisioneros. No solo los prisioneros soportaron pasivamente el abuso psicológico, sino que incluso llegaron a acosar a otros prisioneros a petición de los guardias. No fue hasta después de que el propio Zimbardo comenzó a condonar el abuso que dos prisioneros abandonaron el experimento anticipadamente y todo se detuvo después de solo seis días.

La impresionabilidad y la obediencia tienden a aumentar considerablemente cuando las personas tienen acceso a una ideología que las hace sentir legitimadas y apoyadas institucional y socialmente, como sugiere este estudio. Este estudio también demuestra los efectos de la disonancia cognitiva y el poder de la autoridad. Cuando estamos bajo el control de un sistema que percibimos como poseedor de una base de poder fuerte y centralizada, tendemos a estar muy dispuestos a seguir los deseos de ese sistema, cualesquiera que sean. También nos vemos altamente impresionados por ese sistema. Cuando surgen conflictos de intereses entre nosotros y la voluntad del sistema, sigue la disonancia cognitiva, que se resuelve con más obediencia en la mayoría de las personas. Este estudio también demuestra nuestra tendencia a dejar que las figuras de autoridad hagan lo que les plazca.

Este estudio se considera comportamientos situacionales más que disposicionales, lo que significa que los comportamientos observados aquí son más un resultado de la situación presente que de las personalidades de los participantes. Si los guardias tenían una disposición a cometer abusos, o si los prisioneros estaban inclinados hacia la pasividad, no es un asunto de preocupación aquí. Lo único que se estudia aquí es el comportamiento situacional de los involucrados.

Este estudio nos dice mucho sobre la vida en prisión. Sin embargo, reflexionar sobre lo que habría sucedido si los guardias nunca hubieran sido detenidos plantea algunas otras preguntas. No está claro qué hubiera podido limitar el poder de Zimbardo en este estudio. Él tenía el poder de hacer esencialmente cualquier cosa a los sujetos, por lo que este estudio también puede ser analizado como una indagación sobre el tema del poder sin control.

Los experimentos de Milgram de 1961, realizados por Stanley Milgram, son uno de los estudios más reveladores sobre la autoridad en el campo de la psicología social. Aquí, el objetivo era registrar la disposición de los participantes a realizar tareas que iban en contra de su propia conciencia personal cuando estas tareas habían sido asignadas por una figura de autoridad.

Milgram llevó a cabo estos experimentos con los juicios de criminales de guerra nazis en mente, preguntándose una pregunta central: ¿todos estos criminales de guerra compartían un sentido de moralidad? Estos estudios, en general, confirmaron que las personas a menudo realizan acciones que van en contra de sus creencias morales más fuertes cuando son compelidas por figuras de autoridad. Si bien estos estudios resultaron ser científicamente válidos y útiles, muchos los consideran y aún los consideran como poco éticos, implicando tanto abuso físico como psicológico que asustó a los participantes de por vida.

Milgram reclutó a 40 hombres para participar en estos experimentos. Se utilizó un generador de descargas, cuyas descargas comenzaron en 30 voltios y aumentaron en incrementos de 15 voltios hasta alcanzar finalmente 450, muchos de ellos con etiquetas como "descarga ligera", "descarga moderada" y "peligro: descarga severa". Las dos últimas posiciones de este generador estaban simplemente etiquetadas como "xxx".

Estos participantes de este experimento asumieron el papel de "maestro", quien administraría descargas cuando los cómplices dieran respuestas incorrectas. Aunque estas descargas no se administraron realmente, los maestros creyeron que sí lo eran y los cómplices actuarían como si realmente hubieran recibido descargas cuando se administraron.

A medida que la tensión seguía aumentando a medida que avanzaba el experimento, el estudiante pedía ser liberado y algunos incluso se quejaban de problemas cardíacos. Una vez que se había superado el umbral de 300 voltios, el estudiante comenzaba a golpear las paredes de la sala y, a partir de ese momento, se negaba a responder más preguntas. Este silencio, según se instruyó a los profesores, se debía considerar como una respuesta incorrecta, por lo que se administraban más descargas cuando las preguntas no eran respondidas.

La mayoría de los estudiantes preguntaron a los profesores si debían continuar o no, a lo cual recibieron las respuestas estándar: "por favor, continúen", "el experimento requiere que continúen", "es absolutamente esencial que continúen" y "no tienen otra opción, deben continuar".

El nivel de descarga que cada participante estaba dispuesto a administrar era el indicador de su obediencia. Se predijo inicialmente que solo alrededor de 3 de cada 100 participantes estarían de acuerdo en administrar las descargas máximas. En realidad, un asombroso 65% de ellos realmente terminaría administrando estas descargas, y cada participante involucrado administraría las descargas de 300 voltios. Esto demuestra que las personas son incluso más complacientes de lo que la mayoría espera y que podemos ser fácilmente compelidos a acciones que consideramos objetables cuando estamos bajo la influencia de figuras de autoridad.

El experimento de Milgram nos muestra que estamos, en muchos casos, dispuestos a llegar incluso a matar a otros si somos instruidos para hacerlo por una figura de autoridad que consideramos que tiene autoridad moral o legal. Esta obediencia se aprende desde temprano en la vida y se adapta y refuerza de muchas maneras diferentes a lo largo de nuestra vida. Todos sabemos que tendemos naturalmente a seguir los deseos de aquellos que tienen más poder que nosotros, pero los experimentos de Milgram nos enseñan hasta qué punto esta tendencia se manifiesta en nuestras acciones.

Según Milgram, caemos en uno de dos estados comportamentales dentro de situaciones sociales: el estado autónomo (en el que las personas dirigen sus propias acciones) y el estado agentico (en el que las personas permiten que otros dirijan sus acciones). Milgram afirma que necesitamos que se cumplan los siguientes criterios para entrar en el estado agentico de comportamiento: la persona que da órdenes es percibida como calificada, y que el que recibe la orden confía en que el ordenante tome responsabilidad por cualquier cosa que salga mal.

La teoría de la agencia sugiere que solo cuando sentimos la responsabilidad por nuestras propias acciones comenzamos a actuar verdaderamente con autonomía. Aunque delegar la responsabilidad en manos de otros puede ser un alivio, debemos ser responsables de lo que estamos haciendo si queremos seguir siendo actores autónomos.

Los estudios aquí mencionados, entre muchos otros, muestran el lado oscuro de la psique humana. Si bien puede ser difícil aceptar que somos defectuosos en las formas en que estos estudios demuestran que lo somos, hacerlo siempre nos llevará a vidas mejores y más honestas, completamente conscientes de nuestros éxitos inquebrantables y de nuestros fracasos catastróficos.

Capítulo cuatro: Lectura de la mente

Leer la mente es principalmente un juego de tres factores: información sensorial, señales corporales en persona y señales sociales. Sin prestar atención a estos tres aspectos de la comunicación, cualquier intento de profundizar en los pensamientos y sentimientos de los demás se vuelve infructuoso. Hoy en día, normalmente nos comunicamos más a través de mensajes de texto, mensajes instantáneos, correos electrónicos y llamadas telefónicas que a través de conversaciones interpersonales reales. Esto implica que tendemos a perder la oportunidad de aprender los matices de la comunicación real, y somos, en consecuencia, mucho menos capaces de saber lo que otros están pensando. El tiempo frente a la pantalla parece ser lo más destructivo para nosotros en cuanto a entender lo que otros están pensando.

Para bien o para mal, generalmente podemos saber lo que otros están pensando con o sin la ayuda de lo que realmente están diciendo. Las palabras suelen ser solo la punta del iceberg cuando se trata de lo que realmente está sucediendo en la mente de otras personas. Cuando la mayoría escucha el término "lectura de mentes", tienden a pensar en psíquicos, brujas y otras personas de este tipo, pero cualquier persona puede dar grandes pasos para comprender mejor los pensamientos de los demás. Con solo un poco de orientación y mucha práctica, cualquiera puede volverse tan hábil en el arte de saber lo que piensan los demás como las figuras más místicas entre nosotros.

Gran parte de la conexión interpersonal humana depende de nuestra capacidad para adivinar y responder adecuadamente a los pensamientos y acciones de los demás, por lo que a menudo tenemos dificultad para reconciliar lo que realmente se dice por parte de otros con las impresiones que estamos recibiendo de ellos. Para entender los pensamientos de los demás, primero debemos profundizar en los nuestros. Es demasiado fácil que un intento de comprender lo que otra persona está pensando se convierta rápidamente en un juicio. Sacamos conclusiones sobre las personas que conocemos y a menudo cometemos errores como resultado.

Uno de los mayores obstáculos que enfrentamos al tratar de leer la mente es la deshonestidad o la falta de expresión en las palabras o las señales no verbales de aquellos con quienes hablamos. Cuando nos encontramos con personas con buenas caras de póker y o personas deshonestas, nuestra tendencia a calibrar el lenguaje y las señales no verbales nos es de poco uso. Sin embargo, hay muchas maneras en las que podemos profundizar debajo de los aspectos superficiales de la comunicación y vislumbrar lo que realmente está sucediendo dentro de la mente de nuestra pareja.

Para leer mentes, primero debemos confiar en nuestra propia intuición. Esto implica desarrollar una intuición más confiable, lo cual es una tarea que siempre está en proceso y nunca se completa. Aquí debemos evitar algunos de los pensamientos mágicos que a menudo se asocian con el hábito de leer mentes y solo utilizar nuestra razón. Una disposición a explorar los lugares que menos queremos y a desafiar nuestras propias creencias también es crucial aquí porque, si intentamos leer las mentes de otros ya anclados a nuestras propias creencias, nuestros hallazgos siempre serán menos fructíferos. Por ejemplo, si estoy convencido de la pretenciosidad de una persona justo al conocerla y nunca pienso en desafiar esta convicción, nunca tendré una mayor visión de su carácter porque ya la he categorizado. No necesitamos tener poderes esotéricos para leer mentes, solo necesitamos estar abiertos y ser razonables al comunicarnos con los demás.

La atención plena es una de las mayores habilidades en las que podemos concentrarnos para leer mentes de manera más efectiva. Esta práctica nos permite despejar nuestra mente de distracciones y preocupaciones innecesarias, lo que nos permite prestar mayor atención a aquellos con quienes estamos hablando. Cuando nuestra mente está completamente enfocada en nuestras propias preocupaciones y problemas, nunca podemos profundizar completamente en lo que está sucediendo con los demás. Cualquier capacidad que hayamos podido tener para entender los pensamientos de otras personas cae por el camino mientras tratamos de recoger nuestras propias piezas con psique desordenada y llena de ansiedad. Aquí queda claro que si queremos determinar lo que está sucediendo en la vida interior de otras personas, primero debemos mirar la nuestra. Hacerlo nos dará la claridad y la energía necesarias para leer las mentes de los demás.

El primer paso hacia una mejor lectura de las mentes de los demás es siempre mantener un espíritu abierto para hacerlo. Sin esta apertura, nunca cosecharemos las plenas recompensas de lo que las otras personas nos están comunicando. Sin embargo, esta apertura debe venir necesariamente acompañada de un cierto grado de intolerancia, intolerancia dirigida hacia cualquier cosa que no sirva inmediatamente a los propósitos que tenemos en el momento presente. Cuando tratamos de absorber todas las cosas, incluidas aquellas que no tienen nada que ver con nosotros, siempre nos sentimos abrumados y tenemos la impresión de que no estamos avanzando hacia nuestros objetivos, porque probablemente no lo estamos. Cuando en cambio permanecemos abiertos solo a las cosas que nos afectan directamente, generalmente encontramos que tenemos mucha más energía para entender a los demás y trabajar con lo que tenemos en consecuencia.

Una vez más, el entrenamiento en mindfulness de algún tipo es la mejor práctica que tenemos para fomentar este sentido de apertura. El estrés y la distracción no solo nos hacen extraer menos información de los demás, sino que también malinterpretamos lo poco que obtenemos. Cualquier interpretación de los pensamientos de otras personas que hacemos cuando estamos bajo estrés es inherentemente mal concebida y obstaculizada por nuestros propios problemas. Como creía Kant, solo deben tenerse en cuenta los juicios de los que no tienen prejuicios, por lo que el mindfulness es una práctica necesaria para todos aquellos que quieren leer mejor las mentes.

A continuación, tenemos que determinar quién es la persona cuya mente queremos o necesitamos leer. Si salimos de la puerta lanzando golpes, por así decirlo, tratando de contar lo que está sucediendo en la vida interior de todos, entonces, inevitablemente, estamos obligados a experimentar una gran resistencia y hacer más de unos pocos enemigos en el proceso. Deberíamos abordar la determinación de nuestra gente de manera estratégica si la situación lo requiere. Si necesitamos un padrino para una boda, por ejemplo, no servirá a nuestro propósito leer las mentes de las mujeres que encontramos en el supermercado. Esto puede sonar como una línea de razonamiento maquiavélica, pero solo podemos leer la mente de tantas personas, así que debemos ser selectivos sobre a quién intentamos hacerlo y usar nuestros poderes para el bien.

Cuando tenemos a nuestra persona/personas en mente, los primeros indicadores de sus caracteres y patrones de pensamiento que se nos conceden se encuentran en sus apariencias externas. Detalles como su(s) rostro(s), lenguaje corporal, postura y ropa deben ser atendidos. Típicamente, la apariencia exterior de una persona es un reflejo preciso de su vida interior, aunque hay muchas excepciones a esta regla. Muchos filósofos modernos nos consideran a todos construcciones culturales, siempre siendo influenciados e incluso moldeados en lo que somos por la cultura que nos rodea. Por eso, a menudo podemos decir mucho más sobre una persona por lo que parece externamente de lo que muchas frases de la cultura pop tienden a sugerir que podemos. Además, siempre estamos haciendo declaraciones políticas en lo que vestimos, consumimos y asociamos, por lo que estos elementos pueden actuar como grandes indicadores de lo que realmente somos.

Mientras que algunas de las personas cuyas mentes intentamos leer son figuras premeditadas (lo que significa que hemos decidido de antemano analizarlas), otras personas simplemente parecen saltar hacia nosotros, suplicando nuestra atención por cómo se ven, actúan y parecen pensar. Esta es una de las principales razones por las que la lectura de mentes siempre está siendo y nunca se convierte, porque las "verdades" que sostenemos sobre las personas están constantemente siendo moldeadas por el conjunto de personas que conocemos, dentro de tanto relaciones antiguas como nuevas. En última instancia, no podemos divorciar nuestra comprensión de una persona o grupo de ninguna de las otras que conocemos. Todas están inextricablemente vinculadas unas a otras por nuestra comprensión en su totalidad.

Cuando vemos a otras personas, hay dos categorías principales en las que nuestra mente percibe nuestra realidad externa: lo que es la persona y lo que no es la persona. Si bien el entorno en el que se encuentra la persona puede contener pistas sobre quién es realmente la persona, todavía necesitamos diferenciar entre la persona y cualquier entorno que esto pueda ser. Es imposible hacer esto completamente porque la percepción sensorial es, en última instancia, confusa y desorganizada, pero una vez que la percepción sensorial se aclara al abstraerse de su individualidad y singularidad (en este caso, separando al individuo del entorno), se convierte en cognición de orden superior. El punto aquí es no permitir que otras cosas en el fondo influyan en nuestras propias percepciones de las personas con las que estamos comunicándonos.

Con este enfoque preciso dado a la persona con la que estamos comunicando, podemos eliminar cualquier información de fondo distractora que estamos asimilando, lo que nos permite comprender mejor lo que realmente está ocurriendo en la cabeza de la persona. Cuando nuestras energías se diluyen por preocupaciones de fondo innecesarias, perdemos nuestra capacidad de ver con claridad lo que otros están pensando.

Siempre debemos tomar estas decisiones sobre a quién leer con cuidado porque estamos siendo moldeados constantemente por quienes nos rodean. Las personas con las que pasamos más tiempo y a las que prestamos más atención siempre van a influir en nuestros caracteres mucho más que cualquier otra. Aquellos a quienes leemos más de cerca no solo deben ser los que más nos ofrezcan, sino que también deben ser quienes nos animen a ser nuestros mejores yo. De esta manera, podemos convertirnos en personas mucho mejores simplemente siguiendo a aquellos que más admiramos o con los que mejor nos llevamos.

Una vez que estamos comprometidos con otro comunicador, necesitamos mantener nuestro enfoque en la persona. Esto incluye hacer contacto visual: una tarea que la mayoría no está dispuesta a llevar a cabo. Alrededor de 15 segundos es la cantidad ideal de tiempo para mantener el contacto visual con una persona al conocerla. Cualquier tiempo adicional tiende a hacer que otros se sientan incómodos, mientras que cualquier tiempo menor no fomenta una gran conexión con el otro.

Una vez que se ha hecho este contacto visual, debemos formular una imagen mental de quién hemos hecho contacto. Debemos tomar nota y recordar el rostro de la persona que hemos conocido, así como la energía que han emitido. Debemos permitir que los pensamientos y emociones en la cara de la persona nos dejen una impresión. Esto debe hacerse con el mismo sentido de apertura que tienen todas las etapas de esta práctica, ya que tenemos que aceptar todas las impresiones que recibimos del otro, ya sean buenas o malas, y tampoco podemos pasar por alto ninguna de estas malas impresiones que obtenemos sin ninguna autocrítica.

Una vez que hayamos hecho contacto inicial con la persona de una manera más analítica, podemos empezar a leer verdaderamente los pensamientos del otro. Hacer esto de manera justa para la persona en cuestión implica mantener una cierta cantidad de receptividad y cooperación. Conversar con otro se supone que debe ser una calle de doble sentido, en la que hay un diálogo negociado y equitativo entre las partes. Donde la mayoría de las personas se encuentra con problemas es en su tendencia a valorar sus propios puntos por encima de los de los demás. Aquí es donde surge una gran parte del conflicto interpersonal, donde las personas solo quieren centrarse en sus propias ideas y nunca piensan en escuchar las de los demás.

Normalmente deberíamos confiar y seguir nuestra propia intuición al conversar con otros. Esto requiere honestidad y apertura, y también una cantidad razonable de seguridad, ya que nunca sabemos cuánto intentan leernos los demás. Las conversaciones, como todos sabemos, tienden a funcionar mejor cuando todas las partes están en la misma sintonía, pero sin transparencia, nunca es posible determinar si estamos o no de acuerdo con quienes estamos hablando. Somos actores racionales capaces de defendernos donde sea necesario, por lo que nunca deberíamos sentirnos amenazados al entrar en nuevas conversaciones y relaciones, incluso si las otras partes pueden estar trabajando con fines malévolos.

Permitir que cualquier pensamiento de otros nos llegue es la única forma de asegurarnos de que estamos obteniendo la máxima información de lo que se dice. Aquellos que se adentran en los pensamientos negativos o desagradables serán recompensados a largo plazo por hacerlo. Ignorar los pensamientos aterradores o oscuros de los demás es tan maladaptativo como ignorar los buenos. Debemos evitar guardar rencor contra la otra persona al conocerla, pero las cosas malas que se presenten deben ser consideradas. También se debe notar que a menudo, cuando nos sentimos asustados o incómodos por algo, es una buena indicación de que estamos a punto de aprender algo que no sabemos. Las cosas desagradables que encontramos suelen enseñarnos mucho más que las agradables, así que deberíamos investigar y sentir profundamente los peores pensamientos de los demás.

Nuestra propia inteligencia emocional necesita ser fomentada si vamos a hacer algún intento de leer los pensamientos de los demás. Cuando no podemos identificar nuestros propios pensamientos y aspiraciones, como a menudo no podemos, no somos capaces de identificar los de los demás. Examinar nuestro razonamiento detrás de los pensamientos que tenemos nos permitirá resolver nuestros propios problemas y luego determinar lo que nos gustaría obtener de otras personas. Siempre estamos en un diálogo negociado con quienes nos rodean, siempre enviando señales sobre cómo esperamos ser tratados, así como recibiendo señales sobre cómo los demás esperan que los tratemos. Cuando no sabemos qué estamos pensando y qué queremos, la primera mitad de este diálogo nunca se cumple, y en consecuencia nos quedamos solo con información sobre lo que los demás quieren de nosotros, sin haber afirmado nunca nuestros propios apetitos y aversiones.

Demasiados oyentes escuchan solo para responder en lugar de comprender. Esto se debe a nuestra tendencia a tener en cuenta únicamente nuestras propias ideas al conversar con los demás. Las personas pueden notar una diferencia notable entre estos dos tipos de oyentes, y poner nuestras propias respuestas por encima de la comprensión siempre es una manera infalible de alejar a las personas de nosotros, a menudo para siempre. Todos tienen interjecciones que hacer en todo momento durante una conversación. Aquellos que son menos seguros y más dependientes de la validación externa son mucho más propensos a prestar atención a sus propias interjecciones que a lo que realmente se está diciendo. Aquellos que escuchan a los demás con recepción genuina y curiosidad, interesados solo en obtener una imagen clara del contenido de lo que se está diciendo, son una raza rara en un mundo solipsista contaminado por opiniones y afirmaciones innecesarias, y son cada vez más valorados y buscados por todos.

Escuchar más de lo que hablamos es otro paso que podemos dar en la misma línea que el anterior. Aunque aquellos que limitan sus interjecciones en situaciones sociales pueden no ganar inmediatamente la misma reverencia que otros, estas personas suelen terminar absorbiendo más información que los demás. Hablar constantemente reduce el valor de nuestras propias palabras. La paradoja del habla se encuentra donde este deseo de ganar visibilidad a través de nuestra expresión mediante el exceso de palabras nos hace invisibles. Al entrar en una conversación, debemos tener en cuenta que, a menos que estemos enseñando o instruyendo, nuestro trabajo principal suele ser escuchar. Aunque esto puede no parecer tan glamoroso como hablar constantemente, generalmente ofrece muchas más recompensas, y aunque no ganemos admiración por nuestra erudición a corto plazo, a largo plazo el silencio nos hará sabios, y por lo general así apareceremos para los demás.

La mayoría de las personas está eligiendo volverse menos empáticas a medida que pasa el tiempo. Se señala que esta es una elección porque en realidad se requiere muy poco esfuerzo para identificarse con los demás. La empatía es recíproca, lo que significa que cuando empatizamos con los demás, ellos se vuelven mucho más propensos a hacer lo mismo con nosotros. Muchos problemas interpersonales se construyen meramente a partir de partes en conflicto que trabajan hacia sus propios intereses sin dar un paso atrás por un segundo y considerar lo que piensan los otros. Leer la mente es en gran medida un juego de empatía, uno que recompensa la capacidad de identificarse con las inquietudes de otras personas y trabajar con ellas hacia objetivos comunes. Sin embargo, para empatizar bien, necesitamos poner nuestros propios pensamientos en primer lugar; de lo contrario, estaremos destinados a simplemente servir a los demás en nuestras relaciones.

Si vamos a progresar en la lectura de los pensamientos de los demás, tendremos que analizarlos de manera holística. Aquí es donde siempre surgirán algunos problemas porque no hay dos personas exactamente iguales. Las personas son complicadas, y justo cuando pensamos que hemos comprendido a otra por completo, se quita otra capa de la cebolla que es su personalidad, pidiéndonos que despojemos nuestras concepciones axiómicas y otros aspectos de nuestra estructura de conocimiento integrado para adaptarnos a los cambios que encontramos.

Una de las mayores diferencias que pueden ocurrir entre dos o más personas es una diferencia generacional o de edad. Todas las generaciones tienen estilos interpersonales (a veces dramáticamente) diferentes. Un generador X, por ejemplo, generalmente va a preferir el contacto cara a cara, mientras que un milenario a menudo preferirá el contacto a través de las redes sociales, mensajes de texto, etc.

Tomar en cuenta la generación de una persona nos ayudará a llevar a cabo los asuntos con ellos de mejor manera. Esto se extiende tanto a cómo debemos hablarles como a sobre qué debemos hablar. Las personas tienden a la nostalgia, así que generalmente estaremos mejor hablando sobre la década de 1950 con un baby boomer que con un homelander. La mayoría de la comunicación hoy en día se realiza a través de la tecnología, por lo que deberíamos esperar tener conversaciones con personas más jóvenes a través de nuestros dispositivos más que con las personas mayores. Aquí debemos atender a los deseos de los demás mientras también nos aseguramos de tener espacio para nuestros propios intereses y peculiaridades.

Los botones calientes son otra cosa a tener en cuenta, ya que hay muy pocas cosas que cierren a una persona como conversadora tan efectivamente como aplastar sus opiniones sobre estos temas que sostienen con tanta convicción. Después de hacer esto, corremos el riesgo de quedarnos en una conversación con una persona cuyas opiniones hemos aplastado, lo que nunca es una situación ideal en la que encontrarse. Debemos buscar qué molesta y duele a los demás con el deseo de evitar estos temas o de brindar la ayuda que podamos reunir, no para echar sal en las heridas y añadir insulto a la lesión. Aquí de nuevo, la empatía entra en juego, la capacidad de ver y entender por qué las personas sienten lo que sienten sobre estos temas.

Los problemas que encontramos más importantes son increíblemente reflejo de nuestro carácter. Cuando alguien toma una postura firme sobre algo, deberíamos tomar su opinión en serio porque lo más probable es que haya pensado en el tema más que nosotros mismos. La mayoría de las personas son sorprendentemente perspicaces, especialmente cuando se trata de cuestiones que sienten que merecen su atención. Es demasiado fácil dejarse llevar por la pasión del momento e insultar a otros por sus puntos de vista, pero este modo de conducta no ayuda a las conexiones interpersonales.

A continuación, debemos tomar nota de las personalidades individuales con las que estamos tratando. Este puede ser el paso más difícil porque una personalidad es una construcción increíblemente compleja y multifacética que no se puede simplemente mirar de reojo una vez. Aunque las primeras impresiones suelen darnos indicios bastante fiables de cómo es realmente una persona, siempre tenemos que profundizar mucho más en una persona de lo que parece a simple vista si queremos determinar cómo comportarnos a su alrededor.

Tenemos que hacer un esfuerzo concertado para adaptar nuestro estilo de conversación al estilo de personalidad con el que estamos en contacto. Esto implica determinar cómo es fundamentalmente una persona y ajustar nuestra comunicación dirigida a ella en consecuencia. Aquí los tipos de personalidad MBTI pueden ser utilizados a nuestro favor. Este sistema categoriza las personalidades en términos de cuatro categorías: mundo favorito (introversión o extraversión), información (sensación o intuición), decisiones (pensamiento o sentimiento) y estructura (juicio o percepción).

Los extravertidos tienden a enfocar la mayor parte de sus energías en sus mundos exteriores, mientras que los introvertidos prefieren la introspección. Las personas que son más sensoriales generalmente se centran solo en la información pura que reciben, mientras que aquellos que son más intuitivos suelen añadir sus propias interpretaciones y significados. Los pensadores tienden a considerar la consistencia y la lógica al tomar decisiones, mientras que los que se basan en sentimientos miran más a las personas involucradas y a las circunstancias especiales. Al observar el mundo exterior, los juzgadores tienden a querer que las cosas se decidan, mientras que los perceptores prefieren mantenerse abiertos a nueva información. Todas estas dimensiones de la personalidad deben tenerse en cuenta al conversar con los demás, ya que estas dimensiones pueden crear grandes abismos entre las personas que tendrán que cruzarse.

Examinar el lenguaje que una persona utiliza, así como su tono de voz, es una excelente manera de obtener información sobre la personalidad de quien estamos hablando. Al usar estas herramientas podemos profundizar cada vez más en el trasfondo de la otra persona, así como en la relación que tenemos con ella. Sin usar estas herramientas, quedamos a ciegas en nuestra búsqueda de cómo tratar mejor a la persona.

La comunicación no verbal también debe ser

abordada continuamente. Esta forma de comunicación siempre se tiene en cuenta cuando conocemos a una nueva persona, pero muchos de nosotros dejamos que este aviso caiga en el olvido a medida que se desarrollan las relaciones. Prestar atención continua a esta forma de comunicación siempre dará grandes recompensas a quienes elijan hacerlo. Las principales áreas de preocupación a tener en cuenta al observar la comunicación no verbal son el uso del contacto visual, el uso del tiempo, del tacto, de la voz, el uso de la apariencia física/entorno, la distancia y el lenguaje corporal.

La codificación y la decodificación son los dos procesos utilizados en la transmisión y la interpretación del lenguaje no verbal, respectivamente. Estos procesos pueden ocurrir de manera consciente o inconsciente. Las señales que se emiten durante la codificación son generalmente las que percibimos como universales, mientras que las registradas durante la decodificación dependen de la disposición del emisor. La comunicación no verbal también está fuertemente influenciada por la cultura. Aprendemos ciertas señales no verbales, tanto mediante la codificación como la decodificación, desde una edad temprana y continuamos utilizando la mayoría de estas señales a lo largo de nuestras vidas. Cada sociedad tiene su propio conjunto de señales no verbales, pero existen ciertos reguladores universales de este tipo de comunicación aplicables a todas las personas.

Asombroso, dos tercios de toda la comunicación se realizan a través de medios no verbales. Esto significa que esta supuestamente subordinada forma de comunicación es, en realidad, más importante que la comunicación verbal. La mayor parte del tiempo, las señales no verbales coinciden bastante bien con el contenido del discurso, aunque a menudo hay divergencia en las señales producidas por estas dos formas de comunicación. Esta divergencia puede ser resultado de engaño, una mala capacidad comunicativa o simplemente la falta de comunicación general por parte del emisor. Por lo general, son las señales no verbales las que son más precisas para seguir en estos casos, ya que el 83% de lo que percibimos nos lo da la vista, el 11% el oído, el 3% el olfato, el 2% el tacto y el 1% el gusto.

Solo se necesita una décima de segundo para que alguien juzgue a otro al conocerlo y para hacer su primera impresión. Las primeras impresiones generalmente se producen de manera no verbal y tienden a durar mucho tiempo en su efectividad. Hay tanto impresiones positivas como negativas, las cuales suelen hacerse a través de la presentación de la otra persona en términos de apariencia y de lo que él o ella está diciendo, y a través de los prejuicios personales del individuo sobre el que se está impresionando. Aunque estas impresiones a menudo son engañosas, especialmente cuando se dan a los prejuiciados, son más a menudo que no representaciones bastante precisas de las personas que transmiten las impresiones.

Cuando la mayoría piensa en la comunicación no verbal, el primer aspecto que viene a la mente es la postura. La postura corporal a menudo puede revelar más sobre lo que sucede en la mente de una persona que las palabras que pronuncian. Estas posturas suelen incluir cosas como agacharse, cruzar los brazos, inclinar los hombros hacia adelante, apretar la mandíbula, separar las piernas y erguirse. Antes de analizar el lenguaje corporal de los demás, primero debemos repasar algunos consejos sobre cómo mejorar nuestro propio lenguaje corporal.

Las expresiones faciales son uno de los factores más importantes para causar una buena primera impresión. Al iniciar una relación con una sonrisa, te estás asociando con la positividad. El 48 por ciento de los estadounidenses afirma que la sonrisa de una persona se convierte en su rasgo más memorable después de conocerla. A veces, sonreír en exceso puede parecer poco auténtico o incluso arrogante, pero sonreír de manera auténtica siempre tiende a encantar.

Sonreír no solo hace que las primeras impresiones sean más accesibles, sino que también reduce los niveles de hormonas del estrés como el cortisol y la adrenalina. Sonreír no solo es amigable, sino que también es una de las claves principales para la longevidad.

Un apretón de manos adecuado sigue siendo uno de los principios de la cortesía en todo el mundo. Dar uno bueno, sin embargo, depende de mantener ese importante equilibrio entre ser demasiado firme y demasiado blando. Si se establece un término medio saludable, entonces causarás mucho mejor impresión en el primer encuentro.

Las presentaciones verbales son la parte más importante de los primeros siete segundos que se pasan con alguien. Hay muchas presentaciones comunes en nuestro lenguaje, que incluyen 'hola', 'encantado de conocerte', etc. Cualquiera que uses; una presentación verbal puede ayudar mucho a romper el silencio y la tensión involucrados en conocer a alguien nuevo.

Un problema común al que se enfrentan muchas personas al conocer gente nueva es que les falta la confianza para hablar con claridad. Hablar tímidamente no solo es una manera fácil de ser pasado por alto, sino que también a menudo lleva a que se les tome menos en serio. Se ha demostrado que aquellos que hablan con una voz más profunda y tranquila suelen ser tomados más en serio, así que encuentra un equilibrio entre susurrar y gritar y tiendes a crear mejores relaciones.

El contacto visual muestra a los demás que no solo estás interesado en lo que están diciendo, sino que también tienes confianza en ti mismo. El contacto visual es también un gran indicador de respeto entre las personas. Sin embargo, debe usarse con moderación. Un contacto visual excesivo puede intimidar a una persona o hacerla sentir incómoda, mientras que desviar la mirada puede interpretarse como una distracción.

El lenguaje corporal se refleja, más a menudo que no, cuando dos personas están hablando entre sí. Tu sonrisa, por ejemplo, es reflejada por aquellos que te rodean mediante una neurona especializada responsable de reflejar las expresiones faciales. Esto establece entre ustedes un entendimiento mutuo, conexión y confianza. Otros usos del lenguaje corporal positivo también son útiles, especialmente cuando se llevan a cabo dentro de los primeros siete segundos de conocer a una nueva persona.

Tu vestimenta puede ser un gran indicador de cómo eres ante una nueva persona. Si te vistes con ropa que te hace sentir cómodo y seguro, es más probable que las personas te perciban de esa manera. Sin embargo, lo contrario también es cierto. No solo vestirte bien te ayudará a causar mejores primeras impresiones, sino que también mejorará tu estado de ánimo y tu confianza.

En palabras de Dale Carnegie, "Debemos ser conscientes de la magia contenida en un nombre y darnos cuenta de que este único elemento es totalmente y completamente propiedad de la persona con la que estamos tratando y de nadie más." A la gente le gusta mucho escuchar su propio nombre, incluso más de lo que suelen darse cuenta. Escuchar el propio nombre puede destacarse especialmente para las personas en la era moderna, que es tan abrumadora en su exceso de nombres e información. Una vez que recuerdas el nombre de alguien, siempre es una buena idea seguir llamando a esa persona por su nombre, ya que esto te hace parecer más agradable.

Este es un aspecto de la vida que las personas tienden a negligir. Pregúntate cuáles son tus propios objetivos al conocer a cualquier persona nueva. Una visión clara de cuáles podrían ser estos objetivos te dará una mejor idea de cómo establecer tu tono y comportarte alrededor de esta persona. Esto también hará que sea mucho más fácil comunicarte con los demás porque tendrás una mejor idea de lo que estás comunicando.

Nadie quiere hablar con una persona que no esté interesada en lo que tienen que decir o que no piense antes de hablar. Por eso es importante errar del lado de ver a los demás como potenciales maestros y también ser preciso en lo que tienes que decir. Hará que los demás se sientan más inclinados a querer hablar contigo si muestras empatía por ellos y tratas de darles solo lo mejor de lo que tienes que decir. Mostrar consideración en tus palabras o acciones es una de las mejores maneras de causar una impresión duradera en los demás.

Los malos ánimos pueden dejar impresiones inesperadamente fuertes en las personas. Si estás conociendo a una nueva persona pero tienes un mal humor por cualquier motivo, intenta con todas tus fuerzas dejar atrás tu negatividad. Siempre es asombroso cuán fácilmente las actitudes negativas pueden contagiar a los que te rodean.

Capítulo cinco: Psicología cognitiva

El enfoque principal del enfoque cognitivo en psicología es el estudio de los procesos mentales, que incluyen, entre otros, el pensamiento, la creatividad, la resolución de problemas, la percepción, la memoria, el uso del lenguaje y la atención. El enfoque en los procesos mentales de los humanos se puede ver desde la antigua Grecia con Platón, el primer filósofo registrado en afirmar que el cerebro es el asiento de los procesos mentales humanos. René Descartes añadiría posteriormente a nuestra comprensión de la mente con su convicción de que todos los humanos nacen con ideas innatas, así como con su noción de un dualismo mente-cuerpo de los seres humanos. Después de estos dos pensadores, uno de los debates más populares en filosofía se convertiría en una de las nociones del pensamiento experiencial (empirismo) frente a la de ideas innatas (nativismo). En el siglo XIX, George Berkeley y John Locke argumentarían del lado de los empiristas, mientras que Immanuel Kant sería el principal defensor de la perspectiva nativista.

El siguiente gran avance que se dio en el campo de la psicología cognitiva fue el descubrimiento de Paul

Broca de una cierta área del cerebro responsable de la producción del lenguaje. Este salto fue seguido rápidamente por uno similar en el que Carl Wernicke descubrió otra área en gran parte responsable de la comprensión del lenguaje. Ambas áreas fueron nombradas en honor a sus fundadores y la maladaptación y trauma a estas áreas que causan interrupciones en la producción o comprensión del lenguaje de un individuo se llama afasia de Broca o afasia de Wernicke hasta el día de hoy.

La década de 1920 a la de 1950 vio un aumento en la popularidad del conductismo. Los primeros adherentes de esta corriente de pensamiento consideraban cosas como la conciencia, la atención, las ideas y los pensamientos como inobservables y fuera del ámbito del estudio psicológico. Si bien el enfoque conductista tenía sus puntos fuertes, también contenía sus desventajas y Jean Piaget fue la primera figura notable de la época en ir en contra de la corriente de la escuela y estudiar la inteligencia, el lenguaje y los pensamientos de los niños y adultos individuales.

El área de la Segunda Guerra Mundial vio la fundación de la teoría de la información, el estudio de la comunicación, el almacenamiento y la cuantificación de la información dentro del cerebro. Esto demostró ser de más utilidad para rastrear el rendimiento de los soldados que luchaban en los frentes que el conductismo, que no tenía explicación de cuán bien se desenvolverían las tropas en combate. El desarrollo de la IA tendría más tarde una profunda influencia en el pensamiento psicológico, ya que muchos psicólogos comenzaron a ver de inmediato paralelismos entre los "cerebros" computerizados y los de los humanos en las áreas de almacenamiento y recuperación de memoria. La revolución cognitiva de la década de 1950, iniciada por Noam Chomsky, creó el campo de la ciencia cognitiva al analizar la producción de procesos de pensamiento a través de un enfoque multidisciplinario que incluía máximas dentro de los campos de la antropología, la lingüística y la psicología.

El término "cognición" es un término general utilizado para referirse a todos los procesos en los que se utiliza, recupera, almacena, elabora, transforma y reduce la información sensorial. Incluso cuando estos procesos están desprovistos de información sensorial, permanecen activos, manifestando a menudo imágenes y, a veces, alucinaciones. Con esta amplia definición, queda claro que la cognición está involucrada en todo lo que una persona hace. Sin embargo, todavía existen diferentes formas de analizar los procesos de pensamiento que se desvían de este enfoque cognitivo, incluido el enfoque dinámico, que analizaría los instintos, necesidades u objetivos de un sujeto en lugar de sus creencias, recuerdos o visiones al tener en cuenta acciones o experiencias.

La psicología cognitiva analiza los procesos mentales con el objetivo principal de investigar el comportamiento. El primer proceso mental que los psicólogos cognitivos tienen en cuenta es el de la atención, en el cual la conciencia se centra agudamente en un mero subconjunto de la información perceptual disponible para una persona. Aquí se filtra la información irrelevante de las cosas más importantes que están en juego, dando al individuo un mayor poder para analizar la entrada sensorial específica. El cerebro humano puede cognizar información táctil, gustativa, olfativa, visual y auditiva a la vez, pero solo cuando se enfoca en una cantidad selecta de esta información podemos clarificarla.

Hay dos sistemas atencionales principales utilizados en nuestra mente: control exógeno y control endógeno. El control exógeno se centra más en los efectos de sobresaliencia y el reflejo de orientación, mientras que el control endógeno se enfoca más en el procesamiento consciente y la atención dividida.

La atención dividida es uno de los puntos focales de la psicología cognitiva. Si bien la atención dividida dificulta el procesamiento de la información, todavía conservamos la capacidad de realizar tareas cuando tenemos mucho en nuestras bandejas, por así decirlo. El efecto de la fiesta de cócteles atestigua esta noción, afirmando que somos capaces de mantener conversaciones y prestar atención a sus contenidos en entornos en los que hay muchas más conversaciones en curso. La información que se está seguido, sin embargo, queda en el camino, dejando nuestra memoria tan pronto como la cognoscemos.

El siguiente proceso que los psicólogos cognitivos investigan es el de la memoria. Hay dos tipos principales de memoria: la memoria a largo plazo y la memoria a corto plazo, ambas conteniendo sus propios subtipos. La memoria a corto plazo se denominará aquí memoria de trabajo, ya que este es el término más comúnmente utilizado en el campo hoy en día.

La memoria de trabajo, aunque normalmente se usa de manera intercambiable con la memoria a corto plazo como un término, se refiere a nuestra capacidad de asimilar información cuando hay distracciones presentes. Esta forma de memoria consiste en un ejecutivo central de memoria que está interconectado inextricablemente con un bucle fonológico del lenguaje, un bloc de notas visuoespacial de semántica visual y un búfer episódico de memorias episódicas a corto plazo. El principal problema de la memoria es el olvido. La psicología cognitiva nos ofrece dos soluciones en competencia a este problema: la teoría de la decadencia, que afirma que los recuerdos nos dejan después de un tiempo debido meramente al paso del tiempo, y la teoría de la interferencia, que afirma que los recuerdos nos dejan debido a que son interferidos por otras piezas de información que se introducen a medida que pasa el tiempo.

A continuación, tenemos la memoria a largo plazo, de la cual hay tres subclases principales. La memoria procedural es la memoria utilizada para la realización de tareas que ocurre de manera inconsciente o requiere una cantidad mínima de esfuerzo consciente. Este tipo de memoria contiene información de respuesta a estímulos que se utiliza para realizar ciertas tareas o rutinas. Este tipo de memoria hace posible la realización aparentemente automatizada de tareas y rutinas. Conducir un automóvil y montar una bicicleta son dos grandes ejemplos de acciones realizadas con este tipo de memoria utilizada.

A continuación, llegamos a la memoria semántica. Este es el tipo de memoria en el que se encuentra nuestro conocimiento más enciclopédico. Las piezas de información que recopilamos a lo largo de los años a través de diversas fuentes se incorporan a nuestros depósitos de este tipo de memoria. Por ejemplo, nuestro conocimiento sobre los tipos de tortugas en nuestra área o cómo es la Torre Inclinada de Pisa se almacenarían en nuestra memoria semántica. El acceso que se nos concede a estas piezas de información dentro de este sistema de memoria depende de una serie de factores, incluidos cuán recientemente se obtuvo la pieza de información, el nivel de su significado, su frecuencia de acceso y el número de asociaciones que pueda tener con otras piezas de información. Por lo general, recordamos lo más reciente y saliente de nuestros recuerdos, prestando especial atención a las piezas de información que nos afectan directa y profundamente en el momento presente.

Finalmente, la memoria episódica se utiliza para almacenar y recordar esbozos autobiográficos que pueden ser expresados explícitamente por el individuo. Este tipo de memoria contiene solo recuerdos temporales, como cuándo una persona se cepilló los dientes por última vez y cuándo el individuo compró su primer coche. Recuperar recuerdos de este tipo de memoria requiere más esfuerzo consciente que hacerlo con recuerdos de otros tipos, ya que es necesario combinar tanto la información temporal como los recuerdos semánticos para formar las imágenes de lo que estamos tratando de encontrar. Sin embargo, este es, indudablemente, el tipo más importante de memoria a largo plazo debido al hecho de que contiene tanto la información temporal como la memoria semántica mencionadas anteriormente.

Ahora llegamos al proceso de percepción. Este proceso implica la interpretación, identificación y organización de la entrada sensorial (de propiocepción, tacto, vista, olfato, oído y gusto) y la reconciliación de los procesos cognitivos individuales que entran en esos canales sensoriales. Los primeros estudios de este proceso fueron realizados por estructuralistas como Edward Titchener, quien intentó reducir todo el pensamiento humano a sus componentes constitutivos más básicos al observar cómo responden los individuos a los estímulos sensoriales.

La metacognición es, en términos amplios, los pensamientos que un individuo tiene sobre sus propios pensamientos. Por ejemplo, la metacognición se utilizaría en las siguientes circunstancias: la eficacia de una persona para determinar sus propias capacidades de rendimiento en ciertas tareas, la comprensión introspectiva de una persona o sus propias fortalezas y debilidades en la realización de ciertas tareas mentales, y la capacidad de una persona para emplear estrategias cognitivas para resolver problemas.

Donde el estudio de la metacognición resulta ser más útil es en el campo de la educación. La capacidad de un estudiante para cognoscir objetivamente sus propios patrones de pensamiento ha estado repetidamente vinculada a mejores hábitos de estudio y aprendizaje. Una de las principales razones de esta existencia correlacional radica en la capacidad adicional del estudiante para establecer y alcanzar metas a través de la autorregulación. Las tareas metacognitivas son una excelente manera de asegurar que los estudiantes están evaluando con precisión el grado de su propio conocimiento y adquiriendo habilidades en sus capacidades para establecer metas.

Algunos de los fenómenos más comunes relacionados con la metacognición son el Déjà Vu (la sensación de repetir una experiencia), la criptomnesia (el plagio inconsciente de pensamientos pasados combinado con la creencia en su novedad y singularidad), el efecto de falsa fama (hacer que nombres no famosos parezcan de hecho famosos), el efecto de validez (donde la exposición repetida a declaraciones parece otorgarles más validez), y la inflación de la imaginación (la imaginación de un evento que en realidad nunca ocurrió con la confianza de que sí ocurrió aumentando con el tiempo).

La teoría de procesos duales afirma que los pensamientos pueden surgir de dos procesos diferentes. El primero de estos procesos es implícito e inconsciente y ocurre automáticamente, mientras que el segundo es explícito y consciente, ocurriendo en condiciones controladas.

La psicología social moderna debe gran parte de su conocimiento a estudios anteriores realizados por psicólogos cognitivos. El subconjunto de la psicología social que está más intrínsecamente relacionado con el campo de la psicología cognitiva es el de la cognición social, que estudia las formas en que las personas almacenan, procesan y aplican información sobre personas y situaciones sociales particulares. Este subconjunto nos ayuda a comprender las interacciones humanas sobre una base que de otro modo nunca habría sido posible.

La teoría de la mente, en términos generales, trata sobre la capacidad de un individuo para atribuir y entender la cognición de quienes lo rodean. Esta teoría es especialmente útil en el campo de la psicología del desarrollo, donde analizar esta habilidad en niños y adolescentes en desarrollo es esencial para predecir y determinar patrones de comportamiento que se aplican en situaciones sociales. La psicología cognitiva se entrelaza con la psicología del desarrollo sin esfuerzo, ya que nuestra capacidad de cognición se afirma desde el comienzo de nuestras vidas. La teoría de la mente, por otro lado, solo comienza a ocurrir alrededor de las edades de cuatro a seis, debido al hecho de que generalmente es cuando un niño empieza a reconocer que tiene sus propios pensamientos y, por lo tanto, que otras personas deben tener pensamientos propios. La teoría de la mente es esencialmente una forma de metacognición en el sentido de que requiere que analicemos nuestros propios pensamientos así como los de los demás.

Jean Piaget fue el primer psicólogo del desarrollo en pronosticar la teoría del desarrollo cognitivo. Esta teoría analiza el desarrollo de la inteligencia humana a medida que una persona se convierte en adulto.

La psicología educativa también ha sido profundamente influenciada por el campo de la psicología cognitiva. La metacognición se analiza en la psicología educativa en términos de auto-monitoreo, que realiza un seguimiento de cuán precisamente los estudiantes monitorean su propio rendimiento al aprender y desarrollar nuevas habilidades. Esto también implica el análisis de cuán bien aplican el conocimiento de sus propias deficiencias para mejorar este rendimiento.

El conocimiento declarativo y el conocimiento procedimental también se analizan en la psicología educativa. El conocimiento declarativo es más como el conocimiento enciclopédico acumulativo que adquirimos a lo largo de los años, mientras que el conocimiento procedimental se relaciona más con el conocimiento sobre cómo realizar ciertas tareas y/o conjuntos de información relacionadas con estas tareas. Una de las tareas más desafiantes que muchos psicólogos educativos enfrentan a lo largo de sus carreras es lograr que los niños y adolescentes integren el conocimiento declarativo en sus sistemas de conocimiento procedimental.

La organización del conocimiento es otro tema en curso en el campo de la psicología educativa. El conocimiento de cómo se organiza y clasifica el conocimiento en el cerebro, adquirido por los psicólogos cognitivos, ha beneficiado enormemente al campo de la psicología educativa. Esta organización tiene lugar en una serie de jerarquías que resultan ser de gran utilidad para que los psicólogos educativos las tengan en cuenta en su trabajo.

La psicología cognitiva es, como su nombre sugiere, mucho más concerniente a los conceptos de la psicología aplicada que la ciencia cognitiva. También se diferencia de este campo de la ciencia en que intenta analizar fenómenos psicológicos. Los psicólogos cognitivos a menudo estudian cómo el cerebro humano absorbe, procesa y fundamenta la toma de decisiones en función de la información que se le proporciona. La información que obtienen dentro de este estudio generalmente se conserva y se aplica en el campo de la psicología clínica. Este campo de estudio psicológico es único en que está tan estrechamente relacionado con los campos de la lingüística, la filosofía, la inteligencia artificial, la neurociencia y la antropología.

Podríamos argumentar que el papel de la ciencia cognitiva es subordinado al de la psicología cognitiva. Esto estaría justificado porque muchos (si no la mayoría) de los hallazgos de los científicos cognitivos solo se utilizan dentro del campo de la psicología cognitiva. El trabajo realizado en este campo a veces puede ser de más utilidad que cualquier trabajo realizado en psicología cognitiva debido al hecho de que los científicos cognitivos a menudo realizan experimentos en otros animales que se considerarían poco éticos de realizar en humanos.

Las críticas más tempranas a la psicología cognitiva provienen de los conductistas, quienes generalmente no estaban de acuerdo con el empirismo del campo, considerándolo incompatible con la existencia de estados mentales. La respuesta a esta crítica se expresó más agudamente más tarde en el subcampo de la neurociencia cognitiva, que encontró evidencia de correlaciones directas entre la actividad cerebral real y fisiológica y los estados mentales determinantes.

Otra área importante de investigación dentro de la psicología cognitiva es el proceso de categorización. Este proceso implica el reconocimiento, diferenciación y comprensión del sustrato de los objetos y de nosotros mismos como sujetos. Este proceso es necesario para señalar las diferencias y similitudes entre las cosas en nuestra realidad observable. Sin embargo, donde algunos de nosotros comenzamos a ver problemas es cuando esta categorización de objetos y sujetos empieza a hacer que dos hechos dentro de un continuo sean indistinguibles, causando paradojas en declaraciones contradictorias donde sea que se presenten.

Dentro de nuestro poder de juicio se encuentra la capacidad de inducción y adquisición, que nos permite inclinar conceptos al discernir ejemplares de no ejemplares. Las habilidades para distinguir similitudes y diferencias entre objetos y para representar, clasificar y estructurar lo que absorbemos de la experiencia sensorial también se encuentran dentro de nuestro poder de juicio. Este poder, sin embargo, se subordina al poder de comprensión, lo que significa que ninguna de estas habilidades es posible sin la comprensión.

La psicología cognitiva también investiga el área de la representación del conocimiento y el razonamiento. Esta área de pensamiento nos da la capacidad de representar la información que se nos proporciona desde el mundo exterior y de utilizar esta información para razonar en función de nuestros propios objetivos. Las cuestiones subordinadas tratadas en la representación del conocimiento y el razonamiento son la codificación proposicional, la cognición numérica, la imagen mental, la psicología de los medios y las teorías del doble código.

El lenguaje es otra área que los psicólogos cognitivos investigan comúnmente. La adquisición del lenguaje, así como los problemas del procesamiento del lenguaje, la gramática, la lingüística, la fonología y la fonética, son las principales áreas de preocupación relacionadas con el lenguaje dentro del campo de la psicología cognitiva. Estos estudios a menudo se superponen con los de la lingüística, pero los psicólogos cognitivos suelen profundizar más en las áreas de adquisición y procesamiento del lenguaje que sus homólogos.

La memoria es probablemente el área más comúnmente investigada de la cognición dentro del campo de la psicología cognitiva. En términos generales, la memoria es la función del cerebro por la cual se almacenan, codifican y recuperan fragmentos de información cuando se necesitan.

La pérdida de memoria relacionada con la edad es el problema más común relacionado con la memoria, ya que la mayoría de nosotros tenemos capacidades razonables en cuanto a la memoria que disminuyen a medida que envejecemos. La memoria autobiográfica almacena nuestras recollections de nuestras propias experiencias pasadas, como su nombre sugiere. La memoria infantil trata sobre experiencias de la infancia. La memoria constructiva es una memoria que construye erróneamente recuerdos falsificados de eventos pasados. También hay un fuerte vínculo entre la emoción y la memoria de todo tipo que es investigado por psicólogos cognitivos.

La memoria episódica se ocupa de eventos autobiográficos pasados que pueden ser recordados con claridad, mientras que la memoria testifical es solo memoria episódica que pertenece a crímenes u otros eventos dramáticos del pasado de una persona. Un recuerdo falso es simplemente uno erróneo, como su nombre lo sugiere. Los recuerdos instantáneos son recuerdos cortos e increíblemente detallados de eventos pasados. También hay recuerdos a corto y largo plazo y memoria semántica, todos los cuales hemos revisado anteriormente. El error de monitoreo de fuente ocurre cuando la fuente de un recuerdo se atribuye incorrectamente a alguna experiencia distinta de aquella que lo originó. El efecto de espaciamiento psicológico puede ser utilizado a nuestro favor cuando espaciamos la repetición de nuestras revisiones del material aprendido para recordar mejor dicho material. También hay muchos tipos diferentes de sesgos de memoria que obstaculizan nuestra facultad de memoria que no se tratarán aquí por razones de brevedad.

La percepción es otra área de gran preocupación dentro de la psicología cognitiva. La atención, el reconocimiento de objetos y el reconocimiento de patrones son las tres áreas principales de preocupación. La percepción de formas es la forma de percepción más comúnmente estudiada dentro de la psicología cognitiva. La psicofísica, un área de estudio relativamente nueva, analiza la relación entre los estímulos físicos con los que nos encontramos y nuestras percepciones y sensaciones relacionadas con ellos. Por último, la sensación del tiempo estudia cómo percibimos y nos vemos afectados por el tiempo.

El pensamiento es probablemente el área más amplia de investigación dentro de la psicología cognitiva. El término "pensamiento" se refiere al flujo orientado hacia un objetivo de asociaciones e ideas que puede dirigirse hacia conclusiones orientadas a la realidad. Una elección es una forma de pensamiento que sigue una finalidad presupuesta por el que elige. Esta forma de pensamiento implica discernir los méritos y deméritos de las opciones que se nos presentan y elegir una o más de estas opciones en consecuencia. Las facultades de inducción y adquisición utilizadas en la formación de conceptos también son formas de pensamiento.

La toma de decisiones es el proceso cognitivo de elegir una o más opciones que se presentan a uno mismo, y luego iniciar un curso de acción basado en la elección. La lógica es la inferencia estudiada sistemáticamente. Se debe hacer una relación concisa de apoyo lógico entre las presuposiciones hechas en la inferencia y la conclusión real para que una inferencia logre validez. La psicología del razonamiento es el estudio científico de cómo las personas sacan conclusiones de la información y toman decisiones basadas en esas conclusiones. La resolución de problemas es simplemente la solución de los problemas a los que nos enfrentamos.

El objetivo principal que los psicólogos cognitivos buscan cumplir es la elaboración de modelos del procesamiento de información que ocurre dentro del cerebro de una persona. La conciencia, la memoria, el pensamiento, la percepción, la atención y el lenguaje son las principales áreas de preocupación dentro de este campo. Al completar estos modelos, como va la idea general, podemos trabajar con planos preestablecidos para determinar cómo se llevarán a cabo estos procesos en otros individuos. Las tres principales subcategorías que se encuentran dentro de este campo son la psicología experimental humana (que trata principalmente cuestiones relacionadas con la memoria, la atención, el lenguaje y la resolución de problemas), el enfoque del procesamiento de información análogo en computadoras (que incluye IA y simulaciones por computadora), y la neurociencia cognitiva (que generalmente estudia los efectos del daño cerebral en la cognición).

Alrededor de la década de 1950, algunos desarrollos en las ciencias psicológicas hicieron necesario el crecimiento de la psicología cognitiva. Estos incluyen, entre otros, la disidencia de la psicología conductista, que ponía mucho énfasis en los comportamientos externos pero ninguno en los procesos internos que inician estos comportamientos, el desarrollo de métodos experimentales más nuevos y, a menudo, más efectivos, y las nuevas comparaciones que se hacen entre la mente humana y el procesamiento de información en las computadoras. Ya sea que la psicología cognitiva haya respondido a las preguntas de la época relacionadas con estos temas de la manera más efectiva o no, el conductismo se estaba convirtiendo en un enfoque en extinción, desplazado por su propia metodología anticuada.

El auge de la psicología cognitiva fue inversamente proporcional a la caída de algunos de los enfoques más erróneos de la psicología en ese momento. Este campo se deshizo de la paja del comportamiento condicionado y de muchos enfoques psicoanalíticos de la época.

Los conductistas eran típicamente reacios al estudio de los procesos internos de la mente porque creían que estos procesos no podían ser observados y medidos de manera objetiva. Los psicólogos cognitivos respondieron a esta reticencia observando y estudiando los procesos mentales de los organismos, viendo esto como una parte esencial para aprender más sobre ellos. Los procesos mediacionales entre el estímulo y la respuesta dentro de los organismos fueron los primeros objetos específicos de estudio para los psicólogos cognitivos, y siguen siendo objetos de estudio fundamentales dentro del campo hasta el día de hoy.

Los psicólogos cognitivos hicieron paralelo a los conductistas en que emplearon métodos controlados, objetivos y científicos para alcanzar sus fines. La única diferencia entre los dos grupos aquí es que los psicólogos cognitivos estaban utilizando estos métodos para analizar los procesos mentales de los organismos, mientras que los conductistas no lo estaban.

Nuestros cerebros son similares a las computadoras en cómo transforman, almacenan y recuperan información (lo cual no debería sorprendernos al considerar que los humanos programan computadoras). En la mayoría de los modelos de procesamiento de información se muestra una secuencia clara. Los procesos cognitivos de atención y memoria suelen tener las secuencias más claras.

El análisis de estímulos suele encontrarse dentro de los procesos de entrada. Los procesos de almacenamiento dentro del cerebro pueden codificar y, a veces, manipular la percepción de los estímulos. Finalmente, los procesos de salida legislan nuestras respuestas a los estímulos.

A finales de la década de 1950 y principios de la de 1960, el enfoque cognitivo se convirtió en el enfoque más aceptado en el campo de la psicología, revolucionando la forma en que percibimos los procesos cognitivos internos. El trabajo de Piaget y Tolman es la principal razón de esta realidad.

Tolman es considerado por la mayoría hoy en día como un conductista suave. Sin embargo, su estudio de los comportamientos intencionales en los organismos divergió del paradigma conductista que afirma que el aprendizaje era el producto de la relación entre estímulos y respuestas. Tolman afirmó, por el contrario, que el aprendizaje provenía de las relaciones entre estímulos entre sí. El término que acuñó para referirse a estas relaciones fue "mapas cognitivos".

No fue hasta la llegada de la computadora que la psicología cognitiva ganó la metáfora y la terminología que necesitaba para investigar adecuadamente la mente. Esta llegada dio a los psicólogos la oportunidad de trazar analogías entre la mente humana y los procesos de una computadora, siendo esta última, en general, mucho más simple y fácil de entender. Esta analogía remite a aquella trazada por Platón en su República entre los componentes individuales de un estado y la mente humana. Lo que es más, esta analogía también se convirtió en el punto focal del argumento Leibnitz-Searle. Esencialmente, una computadora codifica información, la altera, la almacena, la utiliza y, finalmente, produce algún tipo de salida.

Este modelo computerized de procesamiento de información fue observado por psicólogos cognitivos que creían que el mismo o un modelo similar se utilizaba dentro del cerebro humano. Este enfoque, sin embargo, se basa en algunas suposiciones clave: que la información de nuestro entorno externo es procesada por una serie de procesos (incluyendo percepción, atención, memoria, etc.), que la transformación y alteración de estos procesos ocurren de maneras sistemáticas, que la investigación se supone que debe tener como objetivo especificar estos procesos y sistemas, y que el procesamiento de información por computadora se asemeja al de los humanos.

El enfoque conductista nos ofrece la posibilidad de observar y estudiar los procesos externos (estímulo y respuesta) con los que nos encontramos, pero nuestras observaciones bajo este enfoque están limitadas únicamente a estos procesos externos. El enfoque cognitivo, en contraste, afirma que podemos observar y estudiar los procesos internos que ocurren dentro de la mente. Este enfoque estudia las relaciones mediacionales entre estímulo/entrada y respuesta/salida.

El enfoque conductista trabaja en una progresión lineal dentro del siguiente marco: estímulo del entorno, una "caja negra" que no se puede estudiar, y comportamiento de respuesta. El enfoque cognitivo sigue una progresión similar: entrada del entorno, un proceso mediacional en el evento mental, y comportamiento de salida. Como podemos ver, aparte de las diferencias en la redacción, la principal diferencia entre estas dos progresiones se encuentra en sus pasos transitorios: mientras que el enfoque conductista solo nos ofrece una caja negra de ignorancia sobre los procesos mentales internos, el enfoque cognitivo investiga los procesos mediacionales que ocurren dentro de los eventos mentales.

Estos procesos de mediación se llaman así porque están destinados a ir entre el estímulo y la respuesta del evento mental. Esta respuesta podría incluir procesos como la resolución de problemas, la atención, la memoria, la percepción, etc. Sean cuales sean, estos procesos ocurren después de que se ha presentado el estímulo y antes de que se encuentre la respuesta de comportamiento.

Las relaciones causales entre todos estos procesos mentales en algunas instancias suscitan juicios teleológicos respecto a sus partes. Aquí vemos caminos claros y lineales de comportamientos intencionados que siguen estímulos y procesos de mediación posteriores. Donde se dice que el modelo conductista carece aquí es en el conocimiento de estos procesos de mediación intermedios que ocurren dentro de la mente. Nos queda claro hoy que para entender la psicología del comportamiento primero debemos comprender estos procesos de mediación. Hacer lo contrario sería, en muchos sentidos, poner el carro delante del caballo.

Fue el libro de Kohler de 1925 Mentalidad de los simios el que inició la ruptura popular del modelo conductista dentro de las ciencias psicológicas. En este libro, Kohler investigó los comportamientos más perspicaces de los animales, fundando un campo poco conocido llamado psicología de la Gestalt en el proceso. Los términos entrada y salida, tan comúnmente utilizados en psicología cognitiva, fueron introducidos por primera vez en el campo en el libro de Norbert Wiener de 1948 Cibernética: o control y comunicación en el animal y la máquina. Las observaciones de Tolman de 1948 sobre mapas cognitivos realizados en ratas en laberintos fueron el primer estudio en demostrar que los animales tienen representaciones internas de comportamientos.

Fue "El número mágico 7 más o menos 2" de 1958 de George Miller el que finalmente vio el nacimiento de la psicología cognitiva. El solucionador de problemas general desarrollado por Newell y Simon fue el siguiente gran descubrimiento dentro del campo. En 1960, el Centro de Estudios Cognitivos fue finalmente fundado por Miller y el desarrollador cognitivo Jerome Bruner. La publicación de Ulric Neisser en 1967 de "Psicología cognitiva" marca el nacimiento definitivo del enfoque cognitivo. El modelo de Multialmacenamiento de Shiffrin y Atkinson de 1968 se convirtió en el primer modelo de procesamiento de la memoria. Hoy, por fin, la psicología cognitiva es vista como un campo altamente influyente en todas las áreas del estudio psicológico (biológica, conductista, social, evolutiva, etc.).

Un psicólogo cognitivo sería útil para hablar con cualquier persona que pueda estar experimentando los siguientes problemas: un problema psicológico que puede necesitar métodos de terapia cognitiva para mitigar o exterminar, trauma cerebral que puede necesitar tratamiento, problemas sensoriales y/o perceptuales, un trastorno del habla o del lenguaje (en este caso se necesitarían más tipos de terapia, siendo los métodos cognitivos suplementarios), problemas relacionados con la memoria, como la enfermedad de Alzheimer, demencia o pérdida de memoria, o discapacidades de aprendizaje.

En esencia, casi cualquier persona que tenga o esté experimentando problemas relacionados con los procesos mentales se beneficiará necesariamente de la terapia psicológica cognitiva. Muchos sienten que la psicología cognitiva es un campo de estudio erudito e impráctico que tiene mucha más utilidad en el aula que fuera de ella, pero todos tienen procesos mentales, por lo que todos pueden beneficiarse de esta área de investigación. Tener un psicólogo cognitivo trabajando para nosotros y con nosotros nos dará una perspectiva más objetiva y científica sobre los procesos mentales que tenemos de los que podemos no ser conscientes o que podemos estar interpretando de manera no científica.

Uno de los adversarios más sigilosos de nuestro propio bienestar son los patrones de pensamiento negativo. Estos patrones de pensamiento son tan destructivos porque generalmente no podemos darnos cuenta de lo distorsionados que están, lo que les permite legislar nuestros procesos de pensamiento sin nuestra conciencia. Tener otra perspectiva sobre nuestros propios procesos mentales internos es, sin duda, la única forma segura de evitar que estos patrones negativos controlen el resto de nuestra mente. Las rumiaciones negativas a menudo conducen a un aumento del estrés, autoboicot, pesimismo e incluso a una sensación de impotencia aprendida después de un tiempo, si no tenemos cuidado.

Una vez que estos patrones de pensamiento negativo han tomado el control de nuestra psique, no necesariamente pueden ser eliminados. Nuestra mejor opción es reemplazar estos patrones por otros mejores, más optimistas y racionales. Por ejemplo, un esquema que le está diciendo a una persona repetidamente cosas como "no eres digno" o "nunca cumplirás con los estándares" debería ser respondido con uno que le diga cosas como "tienes un valor intrínseco" o "estos estándares son tuyos". Los patrones de pensamiento negativo, así como las respuestas racionales a sus interjecciones, son indeterminados y dependen del individuo. Aun así, el objetivo básico es reemplazar los pensamientos que no nos ayudan o que no nos impulsan hacia adelante como individuos por aquellos que sí lo hacen. Aquí se podría utilizar algo de auto-terapia. Siempre que tengamos un pensamiento o una serie de pensamientos con los que nuestras mentes ejecutivas no están de acuerdo, deberíamos registrar y analizar estos pensamientos, editándolos y reemplazándolos por otros más saludables y racionales. Hacer esto cambiará nuestros modos de pensar y nos permitirá convertirnos en personas más racionales y motivadas intrínsecamente.

La psicología cognitiva podría considerarse el propósito final de la psicología, el cual está subordinado a todos los demás subcampos. Todo lo que conocemos, lo conocemos gracias a nuestra capacidad de cognición. Sin analizar nuestros procesos mentales, nos estamos dejando en la oscuridad sobre lo que realmente está sucediendo dentro y fuera de nosotros.

Capítulo seis: Modos de persuasión

Finalmente llegamos a la que probablemente es la parte más útil de nuestro libro. Los modos de persuasión, también conocidos como apelaciones retóricas o estrategias éticas, son dispositivos retóricos utilizados para clasificar el recurso de un orador hacia su audiencia. Estos modos se llaman Eros, pathos, logos y Kairos. Aristóteles consideraba que la persuasión era meramente una forma de demostración, ya que somos más plenamente persuadidos por las cosas que percibimos como demostradas. Podría seguir lógicamente que, cuanto más o menos demostramos algo, más o menos otros serán persuadidos de ello en proporción.

Hay tres tipos principales de persuasión en la palabra hablada: persuasión debida a la credibilidad percibida del orador en el momento del discurso, persuasión de los oyentes debido a sus propias emociones, y persuasión lograda a través del discurso cuando la verdad o la aparente verdad se alcanzan mediante argumentos adecuados al caso en cuestión.

El ethos se define de manera amplia como el apelo a la

autoridad o a la credibilidad del hablante. Para fortalecer el ethos, un hablante debe convencer al público de su propia credibilidad, a menudo apelando a otras fuentes de autoridad en el proceso. Las personas emplean diversos medios para hacerlo, incluyendo, pero no limitándose a, ser o convertirse en una figura notable en el campo en cuestión, como un profesor, médico o experto, aprender y demostrar un dominio de la jerga del campo en cuestión, y presentar o producir expertos probados en el campo.

Sin estos amplios criterios cumplidos, un orador generalmente tendrá problemas para ganar y fomentar un sentido de credibilidad o ethos. Sin ser un experto en el campo sobre el cual está hablando, o sin el vocabulario necesario y/o atractivo para otras fuentes de autoridad, un orador típicamente perderá cualquier sentido de credibilidad a los ojos de su audiencia, lo que usualmente causará que el individuo pierda su sentido de credibilidad intrínseca, comenzando así un bucle causal de pérdida de credibilidad general y potencia como orador.

El ethos podría considerarse persuasión por carácter o credibilidad. La confiabilidad suele ser el rasgo más importante que una persona puede exhibir para fomentar el ethos. Tendemos a ver a aquellos que son más confiables como también más creíbles, ya que aunque puede que no sepamos lo que nos van a decir, tenemos más seguridad de que será la verdad. Se deduce necesariamente aquí que para que alguien adquiera ethos, debe volverse más confiable. Aristóteles nos ofrece tres cualidades explícitas que una persona debe mostrar para convertirse en un individuo más confiable: buen sentido, buen carácter moral y buena voluntad.

El buen sentido se encuentra solo en pensadores racionales y responsables. Tendemos a confiar en aquellos con buen sentido mucho más que en los demás. Aquellos con buen sentido casi siempre se mantienen tranquilos, serenos y compuestos en momentos de estrés y confusión. Estas personas suelen ser vistas como profesionales de confianza y fiables en sus campos de trabajo. El buen sentido se asocia con la confianza porque quienes lo poseen están impulsados más por la lógica y la racionalidad que los que no lo tienen. Con buen sentido, un orador también es capaz de leer mejor a la multitud y de transmitir mensajes que están más fundamentados en la realidad.

El buen juicio moral fue otro ámbito en el que Aristóteles puso mucho énfasis. Se dice comúnmente que el carácter es lo que hacemos cuando nadie nos está mirando. Lo mismo es cierto para la moralidad. Aristóteles pensaba que tener este sentido del juicio moral era crucial para desarrollar el arte de la persuasión.

Finalmente, la buena voluntad es el estado en el que una persona verdaderamente tiene en mente nuestros propios mejores intereses. Sin esta voluntad, no hay una dirección clara en la mente de una persona sobre a dónde deberían ir las cosas o incluso cómo deberían ser idealmente. Si un orador no muestra conocimiento o consideración por los intereses del todo al que está hablando, entonces nunca se construirá una relación de empatía. Si bien el ethos de una persona probablemente se ve menos afectado por la falta de buena voluntad que por la falta de cualquiera de los otros dos bienes, las personas aún se sienten desalentadas por esta ausencia porque no estarán seguras de si el orador realmente está de su lado. Solo es, como afirma Aristóteles, con estas tres cualidades que una persona puede ser más confiable y ganar ethos.

El pathos puede ser un modo de persuasión más poderoso porque depende de la habilidad de un hablante para apelar a las emociones de la audiencia. De esta palabra raíz se forman las palabras empatía, patético y simpatía. Utilizando tácticas comunes de metáfora, símil y una entrega apasionada en general, el hablante puede ganar pathos. A menudo, incluso afirmaciones simples que aseveran que las cosas son injustas son suficientes para apelar a las emociones de los oyentes. Este modo de persuasión es increíblemente efectivo cuando se utiliza con otros, pero generalmente se desmorona cuando se usa de manera independiente. Sin embargo, hay un criterio principal que un hablante necesita cumplir para ganar pathos; él o ella debe transmitir un mensaje que esté en acuerdo con algunos valores subyacentes de los lectores u oyentes.

Para ganar patos, un orador puede centrarse en cualquier emoción que considere útil para aprovechar. Estas incluyen la felicidad y el optimismo, pero también incluyen emociones más negativas como el miedo y la ansiedad. Cualesquiera que sean las emociones, un orador con sensibilidad hacia las emociones de la audiencia gana rapport con facilidad al hablar a las personas sobre lo que consideran más relevante.

Nuestra adopción de creencias y puntos de vista depende en gran medida de nuestras emociones inmediatas. Un buen orador no solo sabe cómo exaltar ciertas emociones, sino también cómo eliminar otras determinadas. Para hacer que la gente se sienta enojada por una causa, un buen orador explicará las dudas detrás de no seguir esa causa. Del mismo modo, si una multitud de personas está enojada por los precios de la gasolina, un buen orador los calmará y les dará la seguridad de que seguirán pudiendo desplazarse. Una persona persuasiva mantiene en mente lo que les preocupa a los demás y les ofrece soluciones a sus problemas.

Cuando se utiliza en discursos y escritos, el pathos a menudo juega con la imaginación y las aspiraciones de la audiencia respecto a los eventos futuros. Los pensadores persuasivos no solo son capaces de predecir y hablar sobre las emociones presentes, sino que también pueden transmitir algún tipo de imagen de cómo podría ser el futuro bajo su visión. Sin este énfasis en la finalidad teleológica de lo que piensa el persuasor, el persuadido se queda sin un curso de acción determinante a seguir y, por lo tanto, está destinado a no ser persuadido.

Mientras que una cierta cantidad de ethos debe ser asegurada para que se escuche a un orador, este ethos a menudo se minimiza y se coloca en un papel subordinado al pathos. Cuando el pathos es el modo principal utilizado, comenzamos a ver menos control en el discurso y la escritura y más apelación a las emociones básicas y a menudo irracionales. William Cullen Bryant vio esto como algo aceptable, afirmando que cualquiera que hable con rectitud le dará al mundo una ofrenda que superará cualquier cantidad de errores que traiga consigo.

Aristotle nos ofrece algunas de las dualidades básicas de la emoción en el libro 2 de su retórica:

Ira vs. calma

Las personas tienden a enojarse cuando mostramos desprecio hacia, avergonzamos o actuamos con rencor contra ellos. El desprecio se define aquí como el trato de cosas o personas que otros valoran como poco importantes. Actuar con rencor es impedir que otros obtengan lo que quieren solo para perjudicarlos. La vergüenza se da cuando desacreditamos a otros de alguna manera. Hacer lo opuesto a estas cosas, como dejar las cosas y a las personas en su propio valor, tener a otros en estima y permitir que otros tengan lo que quieren, mantendrá a las personas tranquilas.

Amistad vs. odio

Son aquellos que actúan sin egoísmo para lograr lo que es mejor para nosotros con quienes elegimos ser amigos. Mostramos odio hacia aquellos que son egoístas o que trabajan hacia fines dañinos. Los contingentes solo se forman entre personas que tienen intereses comunes en mente. Dividimos nuestro mundo en aquellos que trabajan con nosotros (amigos) y aquellos que no (enemigos).

Miedo vs. confianza

Solo tememos las cosas que percibimos capaces de causarnos daño o sufrimiento. Cuando no percibimos que estos peligros existen, o tenemos medios para combatirlos, nos sentimos seguros. La confianza que proviene de nuestra capacidad percibida para combatir el peligro es la más confiable de las dos, porque cualquier confianza derivada de la falta de peligro insinúa peligro en el futuro.

Vergüenza vs. desenfado

Sentimos vergüenza cuando hemos sido desacreditados por mostrar lo que Aristóteles llamó maldad moral, como ser cobarde, arrogante, avaricioso o mezquino. Nos sentimos sin vergüenza cuando somos indiferentes o despectivos ante las percepciones de los demás sobre nuestra maldad moral. La vergüenza es el concepto de maldad moral (real o percibida) asociado al concepto de autoconciencia. La falta de vergüenza es este concepto divorciado de la autoconciencia.

Amable vs. cruel

Se nos percibe como amables cuando ayudamos a los demás por su propio bien. Se nos percibe como crueles cuando o bien descuidamos ayudar a otros o los ayudamos meramente por nuestro propio bien. La amabilidad se encuentra en aquellos que tienen en cuenta los intereses de quienes están ayudando. La crueldad se encuentra en aquellos que o no ayudan a los demás o lo hacen por sus propios beneficios.

Piedad vs. indignación

Sentimos lástima por aquellos que están sufriendo de maneras y calibres que percibimos como desproporcionados a su idoneidad. Por otro lado, sentimos indignación cuando vemos a otros hacer bien y sentimos que no lo merecen. La lástima se siente cuando vemos a alguien sufrir más de lo necesario, mientras que la indignación se siente cuando vemos a alguien recibir más de lo que su carácter merece, o eso creemos.

Envidia vs. emulación

La envidia se siente cuando vemos a otro que consideramos nuestro igual tener una buena fortuna. Esto se siente más intensamente cuando sentimos que tenemos derecho a la misma buena fortuna o cuando ya no nos vemos como iguales a esa persona como resultado de las circunstancias afortunadas. La envidia proviene del egoísmo en el sentido de que no ofrece que podamos vivir vicariamente a través del otro individuo. Somos más envidiosos de aquellos que percibimos como más afortunados que nosotros porque cada persona quiere creer que es igual a todos los demás.

La emulación se siente cuando vemos a otro que tiene buena fortuna y sentimos que podemos alcanzar una fortuna similar. Aquí tenemos los mismos estímulos que los que causan la envidia, pero nuestra respuesta mediacional es más constructiva y positiva. Aristóteles consideraba, como la mayoría lo haría, que la emulación era el mejor de estos dos sentimientos porque, mientras que las personas envidiosas suelen desear que la persona más afortunada tenga menos, las personas emulativas simplemente se esfuerzan por lograr más. La envidia es la percepción de desigualdad con el concepto de desagrado hacia aquellos que tienen más, mientras que la emulación es la misma percepción con el concepto de autoeficacia.

El concepto de ser humano necesariamente incluye el de emoción. Las emociones nunca son correctas o incorrectas, solo son racionales o irracionales. A veces, por ejemplo, el miedo y la ira son las únicas respuestas racionales a realidades externas, mientras que en otras ocasiones se requiere serenidad y felicidad. Un buen persuasor conoce los entresijos de las emociones de los demás, ya sean racionales o irracionales. Con este conocimiento, un persuasor puede exaltar las emociones que desea en otros individuos y recortar todas las demás.

Logos es, en términos generales, un apelativo a la lógica. El término lógica deriva en realidad de este. Generalmente hay algún tipo de tesis que un orador intenta comunicar al hablar. La lógica, en parte, se refiere a los hechos y cifras que respaldan estas tesis, en este caso. Tener logos tiende a generar mayor ethos para un orador porque la información hace que el orador parezca más conocedor ante sus oyentes. Si bien el logos puede ser increíblemente útil, también puede ser perjudicial y engañoso, dependiendo del contenido de la información y su relación con el tema en cuestión. A menudo, la información mal contextualizada, falsificada o inexacta lleva a los oyentes por el camino equivocado, haciendo que se alejen del orador y causando que el orador pierda ethos.

Aristotle nos habla de tres métodos principales de persuasión lógica:

Argumento deductivo

En su etapa inicial, un argumento sólido y lógico presentará una serie de premisas axiomáticas. Estas declaraciones se perciben como verdaderas o falsas. A partir de estas premisas, podemos llegar a conclusiones. Si se dijera que una conclusión es verdadera dado que todas sus premisas axiomáticas también se consideran verdaderas, entonces el argumento se consideraría válido. Si todas estas premisas son verdaderas y se dice que el argumento es válido, entonces también es, por definición, sólido. Estos argumentos son lo que se conoce como argumentos deductivos. Dentro de estos argumentos, las nociones de validez y solidez se definen y se observan desde las premisas hasta las conclusiones. Estos son buenos argumentos porque utilizan una lógica fácilmente inteligible a lo largo de su desarrollo.

Argumento inductivo

Si a partir de nuestras premisas iniciales, en su lugar encontramos conclusiones que no son necesariamente pero probablemente sean verdaderas, entonces estamos haciendo argumentos inductivos. Estos argumentos existen con el concepto de incertidumbre y una cierta cantidad de conjeturas. La fuerza o debilidad de un argumento inductivo se encuentra solo en la probabilidad de que sus conclusiones sigan a sus premisas. Un argumento inductivo cogente es aquel en el que todas sus premisas son, de hecho, halladas como verdaderas.

Argumento abductivo

Un argumento abductivo se llega a obtener cuando recopilamos un conjunto de datos y luego procedemos a formular una conclusión basada en esos datos. Esta conclusión siempre debe explicar el conjunto de datos en cuestión. Al igual que los argumentos deductivos, la validez y la solidez de estos argumentos dependen de la verdad detrás de las conclusiones.

Finalmente, Kairos se refiere al tiempo y al lugar. Este modo se utiliza a menudo para infundir un sentido de urgencia en las mentes de los oyentes, instándolos a actuar sobre los eventos a medida que ocurren.

Además de los modos de persuasión aristotélicos, también existen numerosos métodos contemporáneos que podrían ser utilizados a nuestro favor. Aunque los modos aristotélicos son perennes en su aplicabilidad, las personas siempre están ideando nuevas formas de persuadir a otros, formas que generalmente están destinadas a apelar más a la gente de la época.

La imitación es uno de los métodos más infalibles de persuasión. Tendemos a ser mucho más receptivos a los mensajes cuando son entregados por personas que hablan, piensan y actúan como nosotros. Utilizar la imitación casi siempre aumentará la conexión, hará que los demás nos gusten más y nos hará parecer más agradables en general. Al tratar de persuadir a otros, siempre debemos prestar atención a cómo están actuando y hablando, y reflejar estas características tanto como sea posible para fomentar un sentido de parentesco en sus mentes. Esto nos colocará en el mismo terreno que ellos, por así decirlo, asegurándoles que compartimos intereses comunes con ellos y que estamos dispuestos a trabajar con ellos para perseguir estos intereses.

El Paradoja de Ellsberg fue descubierta en 1961 en una serie de experimentos realizados por Daniel Ellsberg. En estos experimentos, se dijo a los participantes que debían elegir entre dos urnas de las que sacar una bola, la primera conteniendo 100 bolas rojas y negras sin una proporción cierta entre los dos colores, la segunda con exactamente 50 bolas rojas y 50 negras. La recompensa era de $100 si elegían el color correcto, $0 si no lo hacían. La gran mayoría de los sujetos sacó de la segunda urna con la proporción determinada de colores.

Estos experimentos muestran que somos naturalmente propensos a evitar el riesgo y la incertidumbre siempre que sea posible. Si bien podemos beneficiarnos más al apostar en incertidumbres en ciertos momentos, sigue siendo nuestra inclinación natural ceñirnos a ciertas probabilidades concisas dondequiera que las encontremos, incluso cuando se demuestra que nuestras recompensas son menores por hacerlo.

La influencia social, o prueba social, se refiere a cómo nos afectan los pensamientos, emociones y comportamientos de los demás. Estamos impresionados por este tipo de influencia en gran medida de manera inconsciente, razón por la cual a menudo es difícil discernir lo que hacemos por nuestros propios intereses de lo que hacemos como resultado de esta influencia. Aquí se plantea la pregunta: ¿hasta qué punto somos simplemente los productos de quienes nos rodean? La mayoría de las personas puede ser analizada como una colección de sus influencias sociales inmediatas.

No importa cuán independientes seamos, anhelamos la validación externa para que nuestros patrones de pensamiento nos parezcan "normales". Las personas que más admiramos terminan siendo las máximas autoridades sobre cómo deberíamos pensar, sentir y comportarnos, nos guste o no.

La reciprocidad es otro asistente de la persuasión. Cuando recibimos cosas de otros, sean lo que sean, generalmente sentimos la necesidad de corresponder. Cuando sentimos este impulso, nos obliga a satisfacer al otro, lo que nos hace mucho más propensos a ser persuadidos por el individuo. Cuando damos cosas a los demás, no solo los estamos obligando a corresponder, sino que también los estamos haciendo mucho más propensos a trabajar con nosotros en el futuro. Las personas necesitan un incentivo de algún tipo para trabajar hacia nuestros objetivos. Debe haber alguna manera en la que una persona pueda beneficiarse al trabajar con nosotros. Al hacer favores y dar cosas a otros, les estamos brindando este incentivo y empujándolos a corresponder y hacer lo mismo por nosotros. Sin embargo, estamos afectados por las experiencias en proporción inversa a su distancia temporal de nosotros, así que cuando hacemos cosas por otras personas, generalmente se sentirán más obligadas a corresponder justo después, y esta compulsión solo disminuirá con el paso del tiempo.

La falacia de la mano caliente es otro fenómeno que podemos utilizar a nuestro favor. Esta es una falacia por la cual las personas se llevan a creer que, dado que han estado encontrando éxitos inmediatos, continuarán haciéndolo indefinidamente. Aunque el éxito a menudo engendra éxito, la vida es, en última instancia, caótica y aleatoria, y las vicisitudes tienden a presentarse cuando menos las esperamos. El modus operandi de la falacia se encuentra dentro de la percepción (presuntamente falsa) de control que nos ofrece.

Las personas son mucho más propensas a ser persuadidas de sus futuros éxitos cuando están experimentando éxitos. Nuevamente, cuanto más cercana esté una experiencia a nosotros temporalmente, más nos afecta. Esta afectación se extiende a nuestras percepciones, lo que en este caso implica que los éxitos más recientes nos harán creer que tendremos mejores futuros. Para persuadir a alguien aprovechando esta falacia, deberíamos llevarlo a creer que está experimentando éxito en la actualidad y seguir insistiendo en que las cosas solo van a mejorar para él.

Un sentido de compromiso y consistencia nos llevará a mantenernos en las cosas que elegimos, sean cuales sean. Cualesquiera que sean las elecciones que hagamos en la vida, es parte de nuestra naturaleza aferrarnos a estas elecciones hasta que demuestren ser erróneas, si es que alguna vez lo son. A lo largo de estos caminos que labramos para nosotros mismos, viajaremos hasta que el cambio se vuelva necesario.

Si estamos intentando persuadir a otros, podemos usar su sentido de compromiso a nuestro favor al primero hacer que acepten cosas más pequeñas, y eventualmente convertirlas en compromisos cada vez mayores a medida que pasa el tiempo. A las personas les desagrada asumir demasiada responsabilidad de una vez. En cambio, preferimos introducirnos poco a poco en las cosas tomando tiempo para hacer la transición hacia ellas. La persuasión es, en parte, un juego de pequeñas solicitudes, cada una construyendo sobre la anterior, llevando a un compromiso cada vez mayor entre las partes.

Al tomar una decisión, tendemos a depender en gran medida de las primeras piezas de información que encontramos. Esta tendencia se llama anclaje y se considera falaz porque nos hace pasar por alto otras piezas de información útiles que podrían ayudarnos en nuestra toma de decisiones.

Una vez que se ha establecido un ancla, también se establece un sesgo hacia su idea. A partir de esto, necesariamente seguiría que las personas son mucho más propensas a ser persuadidas de algo cuando se ha hecho un anclaje inicial hacia ello. Si estamos tratando de convencer a alguien de que tome una cierta decisión, entonces necesitaremos darle alguna información inicial de la cual pueda basar sus decisiones posteriores.

A continuación, simplemente gustar de otra persona nos hace mucho más receptivos a ellos. Uno de los mayores defensores de la persuasión es la simple simpatía. Nunca somos influenciados positivamente por aquellos que no nos agradan, independientemente de su carácter. Buscamos aplastar las opiniones de estas personas cada vez que nos encontramos con ellas y nunca somos persuadidos por lo que dicen como resultado. Para lograr que una persona esté de nuestro lado, tenemos que tratarlos de una manera que les haga gustar de nosotros, porque sin que ellos lo hagan no se puede fomentar ningún sentido de camaradería, y sin ningún sentido de camaradería nunca podremos persuadirlos de nada.

Ser amable con los demás es probablemente la mejor manera de hacer que les gustemos. Recordar sonreír y mantener una actitud ligera con los demás hará que las personas se sientan más cómodas a nuestro alrededor, abriendo la puerta a conversaciones más amistosas y amables.

Las palabras sensoriales siempre se deben tener en cuenta al intentar convencer a otros. Estas palabras son algunas de las más poderosas que utilizamos, y es probable que las personas se vean más afectadas por estas palabras que por cualquier otra. Las palabras con connotaciones a estímulos sensoriales que la gente encuentra agradables se pueden usar para convencer a las personas a menudo sin que lo sepan. Estas palabras son más que simples palabras para quienes las escuchan, son experiencias reales y tangibles asociadas con experiencias sensoriales, por lo que utilizar estas palabras con sabiduría puede tener un efecto sorprendentemente poderoso en los procesos de toma de decisiones de quienes las escuchan.

También tenemos un sesgo hacia la autoridad. Los pensamientos y opiniones de las figuras de autoridad a menudo se consideran mucho más valiosos de lo que realmente son. Desde una edad temprana, somos socializados para respetar a las figuras de autoridad y tomar en serio lo que dicen. Por eso, lo que dicen estas personas se escucha más que lo que dice otra gente. Aquí es donde el ethos sigue siendo importante. Para ser escuchados, por no mencionar ser persuasivos, tenemos que convencer a nuestra audiencia de que somos algún tipo de autoridad sobre lo que estamos hablando.

El efecto Ikea es un fenómeno por el cual las personas tienden a valorar más las cosas que han ensamblado que las cosas que han recibido preensambladas. Nos enorgullecemos de lo que producimos y consideramos que estos productos son mejores y más valiosos que los de cualquier otro. Darles a las personas un sentido de participación en lo que les estamos proponiendo las hará mucho más receptivas a nuestras ideas porque sentirán que forman parte de algo que les da voz.

A la gente le gusta tener opciones y sentirse como si tuvieran el control de las opciones que eligen. Cuando hacemos que nuestras premisas y argumentos parezcan más personalizables para los demás, ellos se identificarán más con lo que decimos porque estamos fomentando una especie de diálogo negociado entre nosotros y ellos. Este sentido de unidad puede hacer que las personas sean mucho más propensas a seguirnos a donde decidamos ir intelectualmente.

Capítulo siete: Controlando las emociones

El lugar de trabajo tiende a ser uno de los lugares más difíciles para controlar las emociones. No importa cuánto lo intentas, esos días difíciles siempre están destinados a surgir. En tu vida personal, tus reacciones ante situaciones estresantes son mucho más libres, pero en el lugar de trabajo, tus reacciones están sujetas al escrutinio de tus compañeros. Cualquier estallido emocional mientras trabajas no solo puede dañar tu reputación profesional y productividad, sino que incluso puede hacer que te despidan.

Bajo circunstancias normales, generalmente es fácil mantener la compostura en el lugar de trabajo, pero bajo circunstancias más estresantes, como despidos de personal, recortes de presupuesto y cambios en los departamentos, mantenerse tranquilo puede resultar difícil, si no imposible. Sin embargo, bajo estas circunstancias, se vuelve aún más importante mantener la calma, ya que los jefes típicamente consideran el comportamiento de sus empleados al decidir quién es despedido. Tienes total libertad en cómo reaccionas ante ciertas situaciones, pero esa libertad conlleva responsabilidad, especialmente en el lugar de trabajo.

Puede parecer fácil decidir cómo vas a reaccionar en ciertas situaciones con la perspectiva del tiempo, pero siempre es aconsejable explorar técnicas para lidiar con estas situaciones y emociones. Aquí discutiremos muchas emociones negativas asociadas con el empleo, así como muchos métodos para afrontar estas emociones.

Las emociones negativas más comúnmente reportadas entre los trabajadores son las siguientes:

Preocupación/ nerviosismo, frustración/ irritación, desagrado, ira/ agravamiento, decepción/ infelicidad

Y ahora nos adentraremos en algunas estrategias para lidiar con estas emociones poco saludables.

Preocupación / nerviosismo

Estas son dos de las emociones más desagradables y poco saludables en el espectro, y, lamentablemente para los trabajadores, estos dos afectan prácticamente todos los lugares de trabajo. Esta ansiedad puede derivar de una serie de fuentes: miedo a ser despedido, problemas sociales, bajos salarios, gran carga de trabajo, etc., y se puede ver agravada por problemas en casa o con la familia o amigos para muchos. Una pequeña cantidad de estrés puede ser algo productivo, pero una vez que se convierte en ansiedad crónica, comienzan a aparecer problemas de salud. Aquí hay algunos consejos sobre cómo evitar la ansiedad excesiva:

Romper ciclos de preocupación

No te rodees de ansiedad. Si puedes prever la ansiedad innecesaria que proviene de una situación o una conversación, evita esa ansiedad. Intenta minimizar la cantidad de cosas que generan ansiedad con las que tienes que lidiar.

Prueba ejercicios de respiración profunda

Estos ayudan principalmente a ralentizar tu respiración y frecuencia cardíaca. Hay todo tipo de ejercicios de respiración profunda que puedes aprender en internet. Por ejemplo, hay respiración cíclica, con inhalaciones durante 4 segundos seguidas de contención durante 4 segundos, y luego exhalaciones durante 4 segundos seguidas de contención durante 4 segundos. Al realizar estos ejercicios, es importante concentrarse en tu respiración y nada más. Además de estos ejercicios, hay otros ejercicios de relajación física que ayudarán a reducir el estrés en el trabajo, incluida la relajación muscular progresiva.

Enfócate en mejorar la situación

Cualquiera que sea lo que te preocupa en relación al trabajo, generar ideas para soluciones e intentar implementarlas ayudará a reducir tu ansiedad en gran medida. Hacer estas cosas también te convertirá en un activo más valioso para tu empresa.

Escribe tus preocupaciones en un diario.

Simplemente escribir las cosas que te molestan hará mucho para aliviar la ansiedad que las rodea. Esta técnica también ayuda a reducir los problemas de sueño y las pesadillas, ya que las preocupaciones que anotamos durante el día generalmente no nos molestan por la noche. Una vez que estén escritas, puedes programar momentos para tratar estos problemas. Antes de que llegue ese momento, deja que estos problemas te dejen y continúa con tu día. Cuando llegue ese momento, asegúrate de realizar un análisis adecuado de riesgos antes de poner en marcha cualquier plan.

La preocupación y el nerviosismo pueden disminuir la autoconfianza y llevar a complicaciones de salud. Siempre es importante alejarse de estas emociones negativas y mantenerse confiado y seguro.

Frustración/irritación

La frustración es más a menudo causada por la sensación de estar atrapado o estancado en un punto del que quieres salir, pero no puedes. Esta sensación puede ser causada por varias cosas, especialmente en el trabajo. Un colega que bloquea un proyecto tuyo, un jefe demasiado desorganizado para asistir a una reunión a tiempo, o una llamada telefónica que se alarga más de lo necesario son solo algunos ejemplos que se me ocurren. La frustración, sea cual sea su causa, debe siempre tratarse rápidamente porque cuando no lo hace, puede acumularse en ira y otras emociones aún más negativas.

Sin embargo, hay muchas maneras de lidiar con esta

terrible emoción, algunas de las cuales se enumeran a continuación:

Deteniéndose para evaluar

Lo mejor que puedes hacer cuando surgen sentimientos de frustración es detenerte y tomarte un tiempo para evaluarlos. Escribir tus frustraciones en esta etapa puede ayudar mucho. Después de hacer esto, piensa en algunos aspectos positivos de tu situación actual. Esto mejorará tu estado de ánimo y reducirá la frustración adicional.

Busca cosas positivas

Una vez más, encontrar el lado positivo en una situación frustrante te hará ver los acontecimientos que se desarrollan bajo una nueva luz. Este cambio en tu forma de pensar mejorará tu estado de ánimo, entre otras cosas. Si es una persona quien te está causando frustración, ten en cuenta que probablemente no es algo personal, y si es un evento o situación, probablemente se pueda resolver. Intenta avanzar desde este paso tanto como sea posible.

Recuerda la última vez que te sentiste frustrado.

Si puedes recordar la última cosa que te frustró, entonces probablemente puedas recordar cómo esa cosa eventualmente se resolvió. Al mirar las cosas en retrospectiva, siempre se resuelven bien. También puedes recordar que tus sentimientos de frustración no hicieron mucho para ayudarte en esa última situación, por lo que asumir que te están ayudando esta vez no sería muy prudente. La perspectiva lo es todo, y tantos problemas pierden mucha de su importancia cuando se ven desde diferentes ángulos.

Disgustar

El desagrado por ciertos compañeros de trabajo es inevitable, y cuando surge, rara vez se va. Todos tenemos que trabajar con personas que no nos agradan en algún momento, así que cuando estas personas llegan, es importante tomar medidas para enfrentarlas de manera responsable. Algunas de las mejores cosas que puedes hacer en estas situaciones son:

Muestra respeto

Nunca estás obligado a llevarte bien con todos con los que trabajas, pero, en muchos aspectos, estás obligado a mostrarles a todos respeto. Cuando surgen estas situaciones, el orgullo y el ego son dos cosas que debes dejar de lado, incluso si la(s) otra(s) parte(s) no están dispuestas a hacerlo. Esto te permitirá salir de la experiencia con tu dignidad intacta, cualesquiera que sean los resultados.

Sé asertivo

Si un compañero de trabajo es grosero o poco profesional contigo, no tengas miedo de decírselo. Si lo haces con certeza y justicia, podrían estar inclinados a cambiar algunas de sus actitudes y comportamientos en el futuro.

Enojo/agresión

La ira es, sin duda, la emoción más destructiva que contiene un ser humano. Esto es especialmente cierto cuando la ira está fuera de control en el lugar de trabajo. También es una emoción que la mayoría de nosotros no manejamos muy bien. En lo que respecta al trabajo, generalmente hay muy poco espacio para la ira, lo cual es problemático porque gran parte de ella se lleva a casa con nosotros. Controlar esta emoción es uno de los pasos más importantes para mantener un trabajo, especialmente para aquellos que tienen dificultades con esto. Algunos consejos para manejar esta emoción se enumeran a continuación:

Esté atento a los primeros signos de ira

Nadie más puede detectar cuando tu ira se está acumulando como tú, por lo que detectar esto temprano es tu propia responsabilidad. Como se mencionó antes, tú decides cómo reaccionar ante las situaciones, así que si reaccionas con ira, nadie es responsable de que eso suceda.

Cuando surja la ira, tómate un descanso de lo que estás haciendo.

Cuando comienzas a enojarte, cerrar los ojos y intentar los ejercicios de respiración profunda mencionados anteriormente puede ayudarte enormemente. Estas acciones harán mucho para interrumpir tus pensamientos enojados y ayudarán a devolver tu mente a un camino más positivo y relajado, reduciendo las declaraciones y decisiones irracionales.

Imagínate cuando te enojas.

Imaginar cómo te ves y cómo te comportas generalmente te dará una perspectiva bien necesaria sobre la situación que tienes entre manos. Por ejemplo, si tienes la necesidad de gritarle a un compañero de trabajo, piensa en cómo te verías al hacerlo: agitado, cruel y exigente. Con esa imagen en mente, es fácil ver que no serías un buen compañero de trabajo al tomar esa decisión.

Decepción/descontento

La decepción y la infelicidad son dos de las emociones más proliferadas en los lugares de trabajo modernos. Estas dos son casi iguales a la ira en su falta de salud; de hecho, la infelicidad puede ser más insalubre. También pueden tener impactos perjudiciales en tu productividad, ya que pueden dejarte sintiéndote agotado y drenado, y también menos inclinado a asumir riesgos en el futuro. Aquí hay algunos pasos que se pueden tomar para reducir los efectos de estas horribles emociones.

Considera tu mentalidad

Intenta tener siempre presente que las cosas no siempre saldrán como tú quieres. Si así fuera, la vida se volvería prosaica y sin sentido. A veces, es la adversidad y el sufrimiento lo que le da sustancia a la vida. No intentes evitar estas cosas, la respuesta a estos problemas reside en la disposición de enfrentarlos.

Establece y ajusta tus metas

La decepción a menudo puede surgir de la negligencia para alcanzar un objetivo. Sin embargo, esto rara vez significa que el objetivo ya no sea alcanzable. Es natural sentir decepción en estas situaciones, pero siempre debes encontrar la fuerza de voluntad para levantarte de nuevo. Podrías, por ejemplo, mantener tu objetivo, pero solo hacer un pequeño cambio. Cualquier cosa que te ayude a superar las decepciones que enfrentas.

Registra tus pensamientos

Un método para lidiar con las emociones negativas es escribirlas. Cuando te sientas infeliz o decepcionado, intenta escribir lo que te está molestando y sé específico sobre tus preocupaciones. ¿Es tu trabajo lo que te molesta? ¿Un compañero de trabajo? ¿Tienes una carga de trabajo demasiado pesada? Escribir estas preocupaciones te ayudará a identificar exactamente qué es lo que te molesta y cómo puedes mejorar en estas áreas de preocupación. Recuerda que siempre tienes más poderes de los que piensas para mejorar una situación.

Recuerda sonreír

Forzar una sonrisa en tu cara puede hacerte sentir más feliz y aliviar el estrés. Además, esta actividad también libera los neurotransmisores dopamina, endorfinas y serotonina, que reducen la frecuencia cardíaca y la presión arterial. Las endorfinas liberadas también actúan como analgésicos naturales y la serotonina actúa como un antidepresivo natural. Sonreír también te hará parecer más atractivo para los que te rodean, mejorando aún más las relaciones que tienes con tus compañeros de trabajo.

Ahora que se han abordado las principales emociones que tienen efectos adversos en la mayoría de los trabajadores, echemos un vistazo a algunas estrategias más para lidiar con ellas:

Compartmentaliza tus estresores

Intenta mantener el estrés y las cargas del trabajo y el hogar en sus respectivos lugares. Puedes utilizar técnicas mentales, como imaginar que los factores estresantes están guardados en una caja por el momento. Si no intentas compartmentalizar estos problemas, las aguas se volverán muy turbias en tu vida personal y las cosas se complicarán mucho.

Identifica tu propio diálogo interno.

Repetirte a ti mismo lo que te dices a ti mismo. Al hacer esto, puedes encontrarte repitiendo pensamientos y frases que no son necesariamente verdaderos o útiles. Intenta identificar tus propios pensamientos que pueden ser engañosos o basados en errores de pensamiento. Hacer esto te ayudará a avanzar de algunos de tus peores momentos y actitudes hacia una mentalidad más productiva y expansiva.

Identifica y acepta tu emoción

Prácticamente no hay nada que puedas hacer para

controlar una emoción con la que ni siquiera estás dispuesto a aceptar que tienes. Es como negar la existencia de una araña justo frente a tus ojos, la araña simplemente se hará más grande hasta que sea todo lo que puedas ver. Al identificar qué emoción(es) estás sintiendo y aceptar que son una parte natural de la vida, estás quitándoles mucho poder. Al hacer esto, también te conviertes en un mejor solucionador de tus propios problemas.

Afirma tus derechos

Hay muchos lugares en la vida, especialmente en el trabajo, donde estás destinado a sentir que no tienes derechos y que no tienes control sobre lo que te sucede. Al identificar tus derechos y tus poderes, te estás dando a ti mismo una perspectiva sobre las cosas que están dentro y fuera de tu control. Después de tomarte un tiempo para hacer esto, puedes descubrir que eres mucho más poderoso de lo que piensas que eres. Esto mejorará tu ánimo y tu autoconfianza para afirmar esos derechos que tienes.

Comunicar estratégicamente

Cualquiera puede hablar sin parar sobre las cosas que no le gustan, pero se necesita habilidad y determinación para realmente hacer algo y solucionar todos sus problemas. Cuando estás tratando de comunicarte con otros, especialmente en desacuerdos, siempre es importante ser preciso en tu lenguaje. Esto te permitirá comunicar tus dudas de manera más efectiva y también disminuirá la posibilidad de tener malentendidos y discusiones acaloradas. Al tratar de transmitir un punto de vista, intenta entrar en la situación con alguna idea de lo que quieres lograr y tu probabilidad de tener una conversación productiva aumentará drásticamente. Si otros responden emocionalmente, déjalos desahogarse y sé comprensivo. Puede que aprendas más de ellos de lo que ellos aprenderán de ti. Pide más detalles también y probablemente ambos se acercarán más a un entendimiento debido a eso.

Sé objetivo

Intenta mirar lo que te molesta desde enfoques analíticos y sintéticos. Un enfoque analítico te ayudará a comprender el problema más a fondo y con más claridad, mientras que un enfoque sintético te ayudará a entender el problema dentro de la clase de todos tus posibles problemas. Es importante investigar las cosas con profundidad y enfoque, pero ver las cosas como partes de tu comprensión total te ayudará a hacer conexiones y descubrir por qué estas ciertas cosas te molestan a través de asociaciones libres.

Las emociones nunca son correctas o incorrectas, solo se sienten. No hay vergüenza en sentir emociones, a menos que, por supuesto, la emoción sea una vergüenza. Las emociones siempre vendrán y se irán y siempre son más sabias que el ego. Sin embargo, cada uno de nosotros tiene libre albedrío en cómo reaccionamos a las vicisitudes de la vida. Controlar las emociones no siempre es fácil; de hecho, a veces se vuelve casi imposible. Pero esta habilidad es como cualquier otra en el sentido de que puede mejorarse con práctica y diligencia.

Capítulo ocho: Ingeniería social y liderazgo

La importancia de la ingeniería social y el liderazgo a menudo son subestimadas por los pensadores contemporáneos. La mayoría de las personas están tan absortas en manipular y derribar estructuras jerárquicas que descuidan averiguar cómo manifestarse dentro de estas estructuras. Ya sea que tengas una inclinación hacia el liderazgo o no, sigue siendo importante tener un conocimiento práctico del liderazgo y cómo funciona entre grupos de personas.

Los líderes, por encima de todo, ayudan a sí mismos y a otros a dar pasos hacia hacer lo correcto. Al hacerlo, construyen una visión inspiradora, establecen una dirección y crean nuevas posibilidades. El liderazgo es, en parte, trazar la ruta hacia el futuro exitoso de su equipo. Es un desafío, pero también es emocionante, dinámico e inspirador. Sin embargo, establecer la dirección del grupo no es la única responsabilidad de un líder. También están obligados a guiar a su gente en estas direcciones de una manera fluida y eficiente. Esta puede ser la habilidad más desafiante que requiere más tiempo para desarrollarse.

Este capítulo y sus consejos sobre el proceso de liderazgo se basarán en el 'modelo transformacional' de liderazgo propuesto por James MacGregor Burns y desarrollado posteriormente por Bernard Bass. Este modelo se enfoca más en provocar cambios a través del liderazgo visionario que en los procesos gerenciales normativos diseñados para mantener el rendimiento actual de los grupos dados.

Una visión general del liderazgo

Las siguientes son algunas características de un líder efectivo:
1. Logra crear una visión inspiradora del futuro
2. Inspira y motiva a las personas a implicarse con esa visión.
3. Gestiona la entrega de la visión
4. Construye y entrena un equipo, para que se vuelva más efectivo en alcanzar la visión.

El liderazgo efectivo requiere que todos estos rasgos trabajen juntos. A continuación, sería útil explorar cada uno de estos elementos con mayor detalle.

Logra crear una visión inspiradora del futuro.

En la fuerza laboral, una visión que un jefe pronostica debe ser una representación convincente, realista y atractiva de la situación en la que deseas estar en el futuro. Esta visión debe establecer prioridades, proporcionar dirección y una referencia para que las personas puedan asegurar que todos sean capaces de ver si se han alcanzado o no los objetivos planteados.

Para crear una visión confiable, los líderes deben primero evaluar y analizar su situación actual para entender hacia dónde ir. Algunos pasos apropiados para tomar en esta etapa son considerar la evolución de su industria en el futuro, considerar los comportamientos de sus competidores y cómo innovar con éxito para dar forma a su negocio para la competencia en el mercado futuro. El siguiente paso es realizar un análisis de escenarios para evaluar la validez de su visión.

El liderazgo es, por lo tanto, proactivo en lugar de reactivo; mirando hacia adelante, resolviendo problemas y evolucionando constantemente.

Una vez que la visión de un líder ha sido desarrollada, es necesario vender la visión. Para hacer esto, él o ella tiene que hacer que la visión sea convincente y persuasiva. Una visión convincente permite a las personas entenderla, adoptarla, verla y sentirla. Los líderes efectivos pueden comunicar sus visiones de manera efectiva y clara. Son capaces de hablar sobre sus visiones de maneras con las que las personas se pueden identificar y informan a las personas de una manera inspiradora. Esto hace que las personas sean más receptivas a sus ideas y más inclinadas a seguir lo que tienen que decir.

Los valores compartidos y la creación de una visión

son dos componentes principales del liderazgo. Aquellos que pueden desarrollar habilidades en estas dos áreas tienen más probabilidades de tener éxito en roles de liderazgo.

Inspira y motiva a las personas a involucrarse con esa visión.

La base del liderazgo es una visión convincente. Sin embargo, esta visión solo se cumple gracias a la capacidad de un líder para inspirar y motivar a sus seguidores. Al comienzo de la mayoría de los proyectos, es más fácil mantener el entusiasmo, lo que a su vez facilita ganar apoyo para el mismo que en otras etapas del proyecto. Después de que el entusiasmo inicial se desvanece, es cuando se vuelve más difícil mantener una visión inspiradora hacia adelante. Las personas cambian junto con sus actitudes y métodos de trabajo, así como sus objetivos. Un buen liderazgo requiere reconocer este fenómeno y trabajar arduamente a lo largo de un proyecto determinado para ser consciente de las necesidades, esperanzas y deseos de los demás mientras se cumple la visión en cuestión. Es un acto de malabarismo entre el altruismo y el pragmatismo que ayuda dondequiera que vaya.

Una forma de vincular el esfuerzo, la motivación y el resultado se conoce como teoría de la expectativa. Este lugar pone énfasis en que los líderes vinculen dos expectativas principales que tienen sus seguidores. Estas se enumeran a continuación:

La expectativa de que el trabajo duro conduzca a buenos resultados.

Y

La expectativa de buenos resultados que conducen a incentivos o recompensas.

Las personas con estas expectativas prevén tanto recompensas intrínsecas como extrínsecas y, por lo tanto, trabajan más duro para lograr el éxito.

Otro enfoque incluye reiterar repetidamente la visión con un énfasis adicional en sus recompensas y comunicar la visión de una manera más efectiva y atractiva.

El poder experto es una de las cosas más útiles que un líder puede tener. Las personas están más inclinadas a admirar y creer en líderes con esta cualidad porque son vistos como expertos en lo que hacen. La experiencia viene acompañada de credibilidad, respeto y prestigio. Esto también le da potencialmente a las personas un derecho e incluso una obligación de liderar a otros. Tener y mostrar competencia facilita mucho a los líderes motivar e inspirar a sus seguidores.

El carisma y el atractivo natural también pueden servir como conductos para la motivación de un líder y su influencia sobre las personas, así como otras fuentes de poder. Estas otras fuentes de poder incluyen la capacidad de asignar tareas a las personas y de pagar bonificaciones.

Gestionar la entrega de la visión

Esta área de liderazgo se aplica más a la gestión que a cualquiera de estos otros consejos.

Los líderes siempre deben asegurarse de que están gestionando adecuadamente el trabajo necesario para llevar a cabo su visión. Esto puede ser realizado por ellos mismos, un gerente o un equipo de gerentes delegados por el líder para cumplir con la visión del líder.

Para lograr esto, los miembros del equipo necesitan cumplir con sus objetivos de rendimiento vinculados a la visión de la empresa. Algunos medios para asegurarse de que esto se haga son los KPIs (indicadores clave de rendimiento), la gestión del rendimiento y la gestión de proyectos. Otra forma de garantizar que se cumple la visión es un estilo de gestión llamado gestión a través de la observación (MBWA). Este estilo garantiza que se tomen todos los pasos necesarios para cumplir con cualquier objetivo dado.

Otro rasgo de un líder efectivo es la capacidad de gestionar bien el cambio. El liderazgo es, después de todo, una evolución constante y un ajuste a las vicisitudes del trabajo. Manejar los cambios de manera fluida y eficiente garantiza que se logren todos los objetivos y se superen los obstáculos a lo largo del proceso de realización de la visión del líder. Sin embargo, esto solo se puede lograr con el respaldo y apoyo de las personas detrás del líder.

Construyendo y entrenando un equipo para alcanzar la visión

Algunas de las actividades más cruciales llevadas a cabo por los líderes transformacionales son el desarrollo individual y de equipo. Sin estas, no habría nada que el líder pudiera liderar. El primer paso en el desarrollo de un equipo que un líder debe dar es comprender la dinámica del equipo. Existen varios modelos populares y bien establecidos que pueden describir esto a los líderes, incluyendo el enfoque de roles de equipo de Belbin, y la teoría de formación, tormenta, normatividad, desempeño y clausura de Bruce Tuckman. A continuación se presenta un análisis más profundo de esta teoría:

Formando

El paso de formación implica que un equipo se reúna al comienzo de un proyecto para definir los objetivos del grupo y cómo lograr estos. Los miembros tienden a ser impersonales y corteses durante este período, ya que todos aún se están orientando dentro del equipo.

Tormenta

La fase de tormenta es un poco más selectiva y crítica. En esta fase, el liderazgo puede ser cuestionado junto con las ideas de los miembros del grupo. Esta es, en gran medida, una fase de depuración del proceso, ya que muchos de los miembros del grupo se sentirán abrumados y desconcertados por la turbulencia y la crítica. Algunos de ellos que no se van después de esta etapa también renuncian al objetivo en cuestión. Y algunos simplemente no quieren hacer lo que se les pide.

Normación

La normalización es el paso en el que el grupo se une para acordar un plan singular para alcanzar el objetivo común. En esta etapa, se alienta a los miembros del grupo a ceder sus ideas para el beneficio del grupo y también comienzan a conocerse y entenderse mejor, construyendo relaciones más fuertes. Es trabajar hacia un objetivo común lo que une a los miembros del equipo.

Actuando

A medida que el grupo avanza en la etapa de ejecución del proceso, los miembros del grupo son capaces de trabajar hacia el logro del objetivo sin mucha supervisión o intervención externa. También llegan a entender mejor las necesidades de los demás y cómo trabajar juntos para alcanzar el objetivo en cuestión.

Suspensión

En la etapa de cierre, surge la oportunidad de reflexionar sobre los resultados no exitosos y exitosos. Los miembros del grupo pueden usar estos resultados para evaluar qué deberían hacer al trabajar en tareas futuras. Esto ayudará a facilitar el proceso de alcanzar un objetivo en el futuro.

La próxima vez que te encuentres trabajando en grupo en una determinada tarea, monitorea el progreso del grupo a través de estas etapas. Los miembros del grupo tienden a avanzar a través de estas etapas en todo tipo de órdenes diferentes. De hecho, rara vez ocurren en el orden mencionado anteriormente. Sin embargo, si los miembros del equipo son conscientes de los pasos por los que están pasando—lo cual generalmente no son—entonces típicamente pueden avanzar a través de estos pasos de manera mucho más eficiente y efectiva. Pasar por estos pasos mencionados anteriormente te ayudará a navegar mejor los acontecimientos de tu lugar de trabajo en el futuro.

Un líder competente siempre hace su mejor esfuerzo para asegurarse de que los miembros del equipo estén equipados con todas las habilidades y destrezas necesarias para realizar su trabajo y alcanzar la visión general. Para lograr esto, es necesario dar y recibir retroalimentación a diario, así como entrenar y orientar a los miembros del equipo de manera regular. Estos pasos mejorarán drásticamente el rendimiento individual y del equipo.

Los buenos líderes dirigen, pero los grandes líderes dirigen y encuentran el potencial de liderazgo. Al liderar un equipo, siempre es útil identificar las habilidades de liderazgo en los demás, cualesquiera que sean sus posiciones actuales. Esto allana el camino no solo para la diferenciación en el estatus jerárquico, sino también para un desarrollo adicional más allá de la influencia o incluso la permanencia del líder. También puede proporcionar al líder un ejemplo sorprendentemente útil en otros trabajadores competentes.

Los términos 'líder' y 'liderazgo' a menudo se utilizan de manera incorrecta para describir a personas que en realidad ocupan puestos gerenciales. Estas personas suelen ser altamente capacitadas y tener una gran ética de trabajo, pero eso no las convierte necesariamente en grandes líderes.

Los lugares de trabajo a menudo se basan en personas que otros consideran líderes pero que en realidad son gerentes. Estos gerentes a menudo no proporcionan aspiraciones ni siquiera objetivos a largo plazo para los miembros de su equipo, lo cual está bien a corto plazo, pero eventualmente conduce a sentimientos de falta de significado e incluso resentimiento.

Los siguientes puntos de discusión que deberían ser profundizados tienen que ver con la dinámica de grupo y la ingeniería social. Estos son ámbitos importantes que hay que conocer al ingresar a un nuevo lugar de trabajo, o en cualquier contexto social que se tome en cuenta. Aquí veremos qué son las dinámicas de grupo y qué necesitas saber sobre ellas para dominarlas.

La dinámica de grupo, ya sea ignorada por los participantes o no, juega un papel importante en cualquier cultura, organización o unidad. Las personas con ideas y perspectivas diferentes componen estos grupos. Es muy raro que todas las personas y sus ideologías sean homogéneas dentro de un grupo determinado. De hecho, también es peligroso. Los líderes son admirados dentro de estos grupos y mantienen la unidad de propósito y la cohesión de la unidad. Los lazos culturales dentro de estas unidades deben desarrollarse más en ciertos momentos que en otros. Una vez que se desarrollan estos lazos, se debe poner un esfuerzo adicional para nutrirlos.

La disfunción dentro de estos grupos ocurre con la alienación entre miembros específicos. Cuando un miembro se siente marginado, hay muy poco que lo o la detenga de actuar de maneras impredecibles. Esto está destinado a surgir en ocasiones y, cuando lo hace, el líder puede luchar por mantenerse objetivo a medida que la estructura de la unidad cohesionada comienza a desmoronarse. Por lo general, estos son los peores períodos de caos en la historia de los grupos. Sin embargo, son estos períodos los que separan a los buenos líderes de los malos.

En todo momento, si son comprensibles o apropiadas, el líder o gerente debe seguir reconociendo al miembro del equipo que causa la perturbación como una parte integral del grupo. La alienación adicional generalmente conduce solo a más perturbaciones. En esos momentos, sería beneficioso que el líder considerara al empleado que causa la perturbación como un empleado especial, uno que podría necesitar la ayuda o las habilidades del líder, uno que sigue siendo parte del grupo, e incluso uno que puede estar allí para enseñar al líder algo. Una revisión de la naturaleza de la comunicación, el poder y el clima corporativo de la unidad también sería beneficiosa en estas circunstancias para comprender mejor el punto de vista del miembro del equipo y evitar más perturbaciones en el futuro.

Un líder también debe tener habilidades en la introspección objetiva. No es aconsejable ni siquiera posible guiar o ayudar a otros a menos que estas habilidades estén desarrolladas. Es poner la carreta delante del caballo. Un líder que reconozca sus propias inseguridades podrá percibir y reconocer más fácilmente las disfunciones del personal como síntomas de disfunciones sistemáticas. El ego estará más abierto a la racionalidad una vez que se aborden de manera más específica los problemas personales. Se necesita una persona segura y madura para decidir que el personal es, en última instancia, más importante que sus propias ideas para avanzar.

Una vez que se toman nuevos pasos después de las disfunciones, se puede lograr mucho progreso y la empresa a menudo puede estar en una mejor situación de lo que estaba antes debido a esto. El personal puede encontrar nuevos medios de comunicación y formas de relacionarse entre sí, también puede encontrar nuevos modos de comportamiento en conjunto que incluso podrían impulsar su autoestima o bienestar general. Afortunadamente para el líder, todos en la empresa podrían entonces presumir de tener un gerente con una multitud de nuevas ideas y actitudes. Todas estas complejidades y regulaciones tienden a hacer que trabajar en grupo sea muy complicado a veces, pero si se siguen todos estos pasos y cada uno hace su parte, los beneficios del trabajo en equipo pueden ser innumerables.

Conclusión

Gracias por llegar hasta el final de Psicología Oscura. Esperemos que este libro haya sido tan informativo y útil como sea posible. Todos tenemos un lado oscuro de nuestra psique, ya lo admitamos o no. Solo aquellos que aceptan y estudian este lado oscuro pueden incurrir en los beneficios de hacerlo, y estos beneficios son algunos de los más grandes que podemos encontrar en la vida, por lo que este libro y otros similares son algunos de los mejores recursos que podemos darnos.

La psicología oscura podría describirse mejor como el estudio de la condición humana en la que se convierte en normativo que las personas se aprovechen de otras por deseos criminales y/o desviados. A menudo, estos deseos carecen de un propósito específico y se basan principalmente en deseos instintivos básicos. Cada ser humano tiene el potencial y la capacidad de victimizar a otros humanos, así como a otros seres vivos, pero la mayoría de nosotros mantenemos estos deseos reprimidos para funcionar con éxito en la sociedad. Aquellos de nosotros que no sublimamos estas tendencias oscuras son típicamente representativos de la "triada oscura": psicopatía, sociopatía y maquiavelismo, o de otros trastornos mentales/alteraciones psicológicas. De esta manera, la psicología oscura se centra principalmente en los fundamentos (es decir, los pensamientos, sistemas de procesamiento, sentimientos y comportamientos) que se encuentran por debajo de los aspectos más depredadores de nuestra naturaleza, los mismos que van más vigorosamente en contra de la corriente del pensamiento moderno sobre el comportamiento humano. En este campo, tendemos a asumir que estos comportamientos más abusivos, criminales y desviados son intencionales la mayor parte del tiempo, aunque hay casos en los que parecen no tener fundamentos teleológicos.

La psicología oscura estudia las partes de nosotros mismos que ninguno de nosotros quiere reconocer. Dentro de este campo, se ahonda en nuestros demonios más profundos y se ilumina aquellos lugares que preferiríamos no ver pero que necesitamos ver. La psicología oscura acepta y abraza el lado más oscuro de la experiencia humana. De esta manera, hace lo mismo que cualquier área de estudio antropocéntrico, la única diferencia radica en la especialidad de la psicología oscura sobre esta realidad oscura dentro del animal humano. Sin embargo, la psicología oscura no está destinada a ser un certamen de villanos. Los especialistas en este campo realizan su trabajo para comprender mejor por qué y cómo las personas malévolas trabajan hacia sus fines, no por algún intento de ganar fama para sí mismos ni para idolatrar a los más monstruosos entre nosotros. También es importante tener en cuenta que cada uno de nosotros tiene un lado oscuro o "malévolo" en nuestra propia psicología. Si bien existen otros conductos a través de los cuales podemos llegar a la realización del contenido de este lado, es la psicología oscura la que proporciona la ruta más clara para nosotros en nuestro camino hacia la iluminación con respecto a cuán oscuros somos realmente y por qué.

Dentro de este libro se abordan las siguientes áreas con el objetivo de iluminar sus significados en nuestras vidas cotidianas: los principios de la psicología oscura, rasgos de "personalidad oscura", estudios de psicología oscura, lectura de mentes, psicología cognitiva, modos de persuasión, control de emociones y ingeniería social y liderazgo.

Cuando la mayoría de las personas piensan en el término "psicología oscura", consideran en su mente los problemas del maquiavelismo, la psicopatía y la sociopatía. Estos son lo que se conocen como rasgos de personalidad oscura y son un mero microcosmos del alcance general del campo. Estos rasgos son importantes de estudiar, ya que es probable que todos conozcamos a personas que los exhiben, y algunos de nosotros los exhibimos nosotros mismos. Esta es solo una área de la psicología oscura que se trata en profundidad en este libro.

La lectura de la mente y los modos de persuasión son dos áreas que se exploran aquí. Prácticamente cualquier persona puede beneficiarse enormemente del estudio de estas dos áreas, por lo que aquí también se incluyen algunos consejos y técnicas útiles sobre cómo leer lo que otros están pensando y cómo persuadirles para que trabajen hacia nuestros objetivos, entre muchas otras cosas.

www.ingramcontent.com/pod-product-compliance
Lightning Source LLC
Chambersburg PA
CBHW051530020426
42333CB00016B/1861